税理士のためのRPA入門

一歩踏み出せば変えられる！
業務効率化の方法

税理士 井ノ上 陽一 著

第一法規

はじめに

　本書『税理士のためのRPA入門〜一歩踏み出せば変えられる！業務効率化の方法〜』は、税理士、税理士業務をする方にRPAをご紹介する本です。
　RPAとは「ロボティック・プロセス・オートメーション」、直訳すればロボットによる自動化をいいます。

　ロボットというと、人の形をした機械のようなイメージですが、この場合はそうではありません。
　ロボットとは、パソコンの中にあるソフトのことをいいます。

　そのソフトによって業務を自動化・効率化するのが「RPA」です。
　自動化なんて未来のことと思われるかもしれませんが、本書を書いている現在すでに実現しています。
　RPAについて、ニュースで見聞きしたことがある方もいらっしゃるのではないでしょうか。

　私、井ノ上も、RPAに出会って以来、研究しすでに仕事の中で使っており、ブログやYouTubeにも動画をアップしています。
　これまでは自分がやらなければいけなかった仕事をロボットに任せているので、その分の時間をつくることができました。
　私はそもそも人を雇わない主義です。
　雇えないといわれるかもしれませんが、あえて雇っていません。
　なぜならこれまでもITを使って効率化をしていたので、人を雇って

仕事を任せる必要がないのです。

　例えば、預金通帳を入力するという仕事はしていません。
ネットバンクのデータを会計ソフトに連動させているからです。
　連動させることができる以前もネットバンクからデータを取り出しExcelで加工して会計ソフトに取り込むということをやっていました。
　こういったことにRPAを追加し、さらなる自動化・効率化を進めています。
　RPAは、これまでのITにできない効率化ができるのです。

　税理士業に、効率化は欠かせません。
　時間をかけて仕事をすることが税理士の価値ではないからです。
　大量のレシートを入力して試算表を納品するだけでは価値を感じていただけない可能性もあります。
　そういった仕事はあるとしても安くなってしまうでしょう。

　「AIで仕事がなくなる」といわれていますが、一定量の仕事は残るはずです。
　しかし、安くなる可能性があります。
　なぜなら大規模な税理士法人や税理士事務所が人を安く雇って安く仕事を取るということがあるからです。
　記帳代行の外注もあり、税理士の単価は以前と比べると確実に下がっています。
　自分が望まない仕事が残って、安く多くこなさなければいけない未来が待っている可能性があるのです。
　いっそ、仕事がなくなったほうがまだましでしょう。

はじめに

　そういった未来に向けてできることは、目の前の仕事だけではなく、その先も見据えた仕事ではないでしょうか。
　そのためには時間が必要であり、その時間をつくるためにも効率化が欠かせません。
　「作業」をやるために、苦労して時間とお金を使い、税理士資格を取り、決して楽しいとは言えない、雇われ時代を送ってきたのでしょうか。

　「税理士はサービス業」という表現があります。
　しかしながら、実際は製造業に近いことをやっていることも多いのではないでしょうか。
　資料を預かって、試算表をつくって納品するという仕事です。
　そのような製造業だけをしていては、なかなか価値を感じていただけないでしょう。
　だからこそ効率化をしなければいけません。
　効率化することで時間をつくって、その分を考える仕事に費やしたり、お客様と会話することに費やしたりすることができます。

　つくった時間を何も仕事で埋める必要はありません。
　たった一度の人生。
　やりたいことや、やってみたいこと、行ってみたいところがあるはずです。
　そういったことに時間を使いましょう。

　本書ではRPAの基本から効率化の考え方までをまとめました。

本書を読み込み、RPAを試して効率化の第一歩を踏み出しましょう。
　効率化こそ、先を見据えた「仕事」です。

2019年12月

税理士　井ノ上　陽一

税理士のためのRPA入門
一歩踏み出せば変えられる！業務効率化の方法

目 次

はじめに

第1章　RPAを使ってできること
1　RPAとは ……………………………………………………… 2
2　RPAは魔法ではない ………………………………………… 5
3　RPAと税理士業との相性がいい理由 ……………………… 7
4　OCRとRPAの組み合わせ ………………………………… 14
5　AI、IT、マクロとRPAとの違い ………………………… 15
6　RPAで効率化している事例 ……………………………… 17

第2章　RPA入門の前のプログラミング入門
1　プログラミングとは ……………………………………… 30
2　プログラミングに対する誤解 …………………………… 32
3　税理士がプログラミングに向いている理由 …………… 35
4　プログラミングのメリット ……………………………… 37
5　プログラミングのエラー ………………………………… 41

6	仕事のルール化	44
7	データである必要性	46
8	RPA以外のプログラミング	48
9	プログラミングの勉強方法	51
10	プログラミングの記録とは	53
11	プログラミングの変数とは	57

第3章　RPAの使い方

1	UiPathの導入手順	60
2	UiPathを使ってみる	63
3	UiPathではじめてのプログラム	70
4	UiPathのファイル管理・保存	87
5	UiPath Robotで実行	91
6	UiPathの事例 e-Taxのメッセージボックスにログイン	96
7	UiPathの事例 弥生会計からエクスポート	126
8	UiPathの事例 確定申告書等作成コーナーへExcelから入力	157

第4章　税理士業と効率化

1	「効率化」とは「変える」こと	190
2	人手不足だからRPA？	194

3	効率化に躊躇しない「ひとり税理士」の強み	198
4	効率化に躊躇しないために必要なこと	199
5	雇わないという覚悟	202
6	大規模税理士法人がRPAで効率化したときの影響	205
7	無駄な業務をRPAで効率化しない	215
8	データで受け取るところからがRPA	221
9	RPAに必要な効率化スキル	230
10	2つ以上を融合する効率化	234
11	ちょっとしたことを効率化するメリット	237
12	「セキュリティ、大丈夫?」を最初に考えない	242
13	仕事量を減らさなければ効率化はできない	248
14	税理士業の今後と効率化	251

著者紹介

・本書は、2019年9月現在の内容です。
・第4章で取り上げるUiPathについては、バージョン2019.9.2をもとに解説しています。今後のアップデート等により、画面まわりや操作方法等に変更がある可能性があります。
・本書に記載している製品名は、各社の商標登録です。本文中には Ⓡ マークは記載していません。

第1章

RPAを使ってできること

1 RPAとは

RPAは高い

　RPAを使うにはどうすればいいのかについてお伝えいたします。

　RPAはソフトであるということは前述したとおりです。

　そのソフトを買わなければいけません。

　通常、このRPAを導入するとなると年間で数十万円かかることが多いです。

　それに加えてコンサルティングや導入費用、保守料が加わり、もっと高額になる可能性もあります。

　最大手のNTTデータが提供するWinActorは、年間で数十万円します。

　RPAテクノロジーズが提供するBizRoboもシェアは大きなものです。こちらは年間700万円ほどします。

　その他海外製のRPAツールもあり、むしろ海外のほうがRPAは進んでいます。

　「国産」であることをアピールしているRPAも多いですが、国産に限る必要はありません。

　以前は海外製のRPAというと、英語版しかなく英語にストレスを感じることもありました。

　しかしながら今は海外製のものも日本語化されているものがあり、使いやすくなっています。

　まずはどのRPAツールを使うかという選定から始まるわけです。

いくら効率化できるといっても、導入にコストがかかると躊躇するのも事実でしょう。

もちろん、大企業、自治体であれば、人ひとり分と考えて年間数百万円を払うということもできるかもしれません。

そんなに大した金額ではないでしょう。

しかしながら私のようなひとり税理士の場合は、とても払えません。

無料のUiPath（ユーアイパス）

そこでおすすめするのが、UiPathというRPAツールです。

海外製ですが、日本語化されているので使う上で問題ありません。

UiPathは小規模事業者であれば無料で使えます。

小規模事業者の定義は、年間売上げが500万米ドル以下の事業者というものです。

ただし、サポートを利用することはできません。

小規模事業者なら無料で効率化ができるわけです。

ひとり税理士もUiPathをもちろん使えます。

無料だからといって使いにくいわけではなく、機能が制限されているわけでもありません。

私はこのUiPathを使い、仕事を効率化しています。

UiPathは、Windows専用です。

Windowsパソコンにインストールすれば使えるようになります。

現状の選択肢としては最も有力です。

なお、RPAツール同士では互換性というものはなく、ひとつのツー

ルでつくったロボットはそのツールでしか使えないことに注意しなければいけません。

▎RPAの種類

RPAには大きく分けると2つの種類があります。

1つはサーバーで動かすものです。

これが本当のRPAといわれています。

サーバー上で動かせば会社の中のすべてのパソコンを自動化することができます。

サーバー上で動いているのでパソコンを立ち上げてなくても、処理が進みますし、夜中でも休みの日でも進むわけです。

（それがいいことかどうかは別として）

もう1つはデスクトップ、1台のパソコンの中にあるものです。

厳密にいうと、これは「RDA＝ロボティック・デスクトップ・オートメーション」といわれています。

本書で取り上げるRPAというのは、この「RDA」を指します。

ただ、説明を簡略化するために、RPAという語を使いました。

特徴としては1つのパソコンでしか基本的に使えないということがあります。

RDAでは、プログラム実行中は、パソコンの他の操作ができません。

例えば、ブラウザーにデータを入力するというプログラムの実行中に「1」を押してしまうとその「1」も入力されてしまいます。

また、同じくプログラムの実行中に、Excelを開くと、ブラウザーではなく、Excelにデータが入力されてしまうのです。
この点には注意しておきましょう。
その代わりRDAはRPAよりも安く手軽に使えます。
UiPathの無料版もRDAです。
本書で紹介するRPAとは、このRDAのことだと思ってください。

2　RPAは魔法ではない

RPAというと、
・かんたん
・プログラミング知識がいらない
・誰にでもできる
ということがいわれます。

しかしながら私が実際に使ったところ簡単ではありません。
プログラミングの知識も必須です。

私はRPAをプログラミングの1つと位置付けており、だからこそすすめています。
プログラミングと聞くとハードルが高い、自分には無理だと思われる方もいらっしゃるかもしれませんが、実は効率化する上でプログラミングの考え方というのは非常に大事なのです。
また2020年からプログラミング教育が導入されます。
その教育の内容はともかく、世の中はプログラミングを学びましょ

うという方向性になっていることは事実です。
　だからこそ「RPA＝プログラミング」をぜひ使っていただきたいと思っています。
　RPAは、プログラミングの中でも、ハードルが低いものです。

　例えばRPAで、Excelのシート（Sheet1）のセルA1に100と入れる場合、
　・セルに書き込み
というパーツ（プログラミングをかんたんにするための部品）を使い、そこに必要な情報（どのシートのどのセルに何を入れるか）を入れていけば、プログラムをつくることができます。

■ RPA

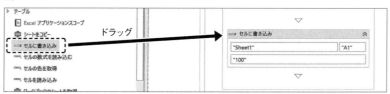

　通常のプログラミング言語、例えば、Excelのマクロ（VBA＝Visual Basic for Applications）でいうと、次ページにあるような文字を打たなければいけないのです。

■ Excelマクロ

```
Sub test()
    Range("a1").Value = 100

End Sub
```

どちらがハードルは高いでしょうか。

RPAのほうが、プログラミングといえどもハードルは低いといえるでしょう。

プログラミングを学ぶのであれば、RPAから始めるというのも手です。

3　RPAと税理士業との相性がいい理由

RPAが注目される理由の1つは、これまでのソフトをそのまま使って効率化できるということです。

RPAソフト自体を導入する必要はありますが、これまでのソフト、例えば、請求書作成ソフト、会計ソフト、税務ソフト、Excelなどを変える必要はありません。

RPAがなければ、それらのソフトをすべて買い替え（または入れ替え）、使い方を覚えなければいけなくなります。

逆にいえば、RPAがあれば、これまでのソフトを使わざるを得ない

場合も、そのままにして効率化ができるのです。
　使いにくいソフトを使わざるを得ないという状況はRPAに向いています。

　税理士は、税務ソフト、会計ソフト、e-Tax、eLTAXといった決して使いやすいとはいえないソフトをそのまま使わざるを得ません。
　だからこそ、RPAが役立つ場合は多く、「RPAと税理士業の相性はいい」といえるのです。

税務ソフト、会計ソフトの使い勝手
　もし、ソフトが使いやすく、なんでもできるのであれば、RPAはいりません。
　税務ソフトや会計ソフトが万能であればいらないわけです。
　実際は、税務ソフト・会計ソフトは万能ではなく、むしろ使いにくいところも多く、閉じられた業界向けであるため、いまだに高額で売られている場合もあります。
　よりよいソフトがあれば、それに入れ替えればいいのですが、選択肢はありません。

　私は、
　・会計ソフト（弥生会計、freee、マネーフォワード）
　・税務ソフト（JDL IBEXクラウド組曲Major（以下「JDL」））
　・e-Tax、eLTAX
　などを税理士業務で使っていますが、どれも消去法で選び、しかたなく使っています。

税務ソフトと会計ソフトを同じものにする、または、連携しているソフト同士となら連動がうまくいきますが、そうすることによって多額のコストを払わされたり、制限・しばりがあったりするわけです。

また税務ソフトはまだいいけれど会計ソフトは使いにくい、会計ソフトはまだいいけれど税務ソフトは使いにくいということもあるでしょう。

税務ソフトだけでは、会計ソフトだけでは効率化できないという部分もあります。

多くの場合、効率化に使うのはExcelです。

会計ソフトからExcelにデータを出してそれを加工する、Excelからデータを取り込んで会計ソフトに入れるということはできます。

しかしながらほとんどの場合、Excelのデータを税務ソフトへ取り込むことはできません。

もしExcelのデータがあったとしても、そのデータを見ながら入力するということをわざわざする必要があります。

そんなときRPAは役立ちます。

Excelのデータを読み取って税務ソフトへ入力するということを人に代わってやってくれるのです。

これまで使っているExcelや税務ソフトはそのままにして、ソフトとソフトの間をうまく埋めるように効率化できるというのがRPAの特徴です。

▌RPAによるExcelから税務ソフトへの入力

　例えばJDLの勘定科目内訳書に、お客様からいただいたExcelの売掛金、買掛金、受取手形、支払手形の明細を入力するという仕事があるとします（JDLの会計ソフトを使っていないケース）。
　JDLにExcelからデータを取り込めればいいのですができません。

　RPAを使えば、
　・Excelからデータを読み込む
　・税務ソフトに入力する
　そして、
　・これらを繰り返す
　というパーツを使って、Excelのデータを税務ソフトに入力するということが自動化できます。

第1章 RPAを使ってできること

■ Excelから税務ソフトへ入力

※データは架空のものです。

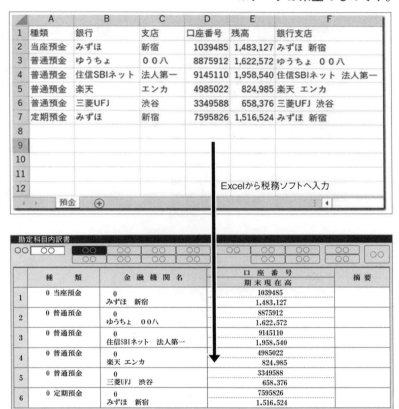

■ 郵送にRPAを使う

　決算書を郵送することにもRPAを使うことができます。

　「Webゆうびん」とは、日本郵便株式会社が提供するサービスで、ネットで発送したい文書（PDF）をアップロードし、差出人や宛名を入力すると、先方に紙で郵送してくれるものです。

■ Webゆうびん

・Webゆうびんのサイトにログイン
・PDFを読み込む
・決済画面まで進む
という部分をRPAでつくっています。

　郵送したいPDFファイルを準備し、RPAを動かせば、紙で先方に届くわけです。

■ 税務ソフト、会計ソフトは変わらない

　税務ソフトや会計ソフトは、決して使いやすいものではなく、見ていて楽しいものではありません。

　UI（ユーザーインターフェイス。操作性）も著しく落ちます。

　最新のネット上のサービスやソフト、スマホのアプリのほうが使いやすいでしょう。

　もちろん、より多くの方に利用されることを想定しているソフトは使いやすさや進歩の度合いが変わってくるのでしょうが、やはり税務ソフトや会計ソフトは古いという印象です。

　比較的新しめのクラウド会計ソフトでもそれはいえます。

　RPAを否定する意見には、「つなぎの技術だから必要ない」というものがあります。これは、ITやAIが進化すれば必要なくなるということです。

　しかしながら、こういった税務ソフトや会計ソフトが、使いやすく見やすく変わることはないでしょう。

　ネット上のサービスであるe-TaxやeLTAXもそうです。

　これらのものを使いつつ効率化をするのであれば（税理士業を続けるのであれば）、半ば無理やりにでも効率化できるRPAがぴったりなのです。

　本来はソフトが使いやすくなってRPAを使わずに済むというのが理想ではあるのですが、そうならないのであれば今ここでRPAのプログラミングの知識をつけておいたほうがいいでしょう。

　税務ソフトと会計ソフトが変わることを待っていては時間を失ってしまいます。

変わらない以上、使う側の我々税理士が変わる必要があります。その1つの方法がRPAなのです。

4　OCRとRPAの組み合わせ

　税理士業務の効率化といえば紙をスキャンする、紙をデータにするというものも考えられるでしょう。
　RPAでも紙をデータにすることができればよいのですが、RPAを使って効率化するなら、原則としてデータであることが欠かせません。
　Excelデータがあれば、それを会計ソフトや税務ソフトに入れたり、ブラウザーに入力したりすることができ、またその他のソフトからPDFにしたものがあれば、読み取りもかんたんにできるものです。
　ブラウザーに表示されているデータを読み取ることやメールの文章を読み取ることもできます。
　しかしながらレシートや手書きの資料を読み取るということは、RPAにはできないことです。

　RPAに組み合わせてOCRという技術を使わなければいけません。OCRとは、画像から文字を認識する技術です。
　現状、手書きの文字をOCRを使ってデータにしRPAに組み込むことができます。また、AIによる学習や画像認識を使って文字を認識しデータ化するAI-OCRも出てきてはいます。
　しかしながら多額のコストがかかるものであり、現実的ではありません。
　定型の書類ならともかく、非定型のものや手書きの文字を読み取る

場合、AI-OCRは完璧ではないので必ずチェックが必要になります。

レシートのスキャンを試してみた方はお分かりかと思いますが100%とはいえません。

本書ではこのOCRについては考えないこととしています。

5 AI、IT、マクロとRPAとの違い

AI、IT、マクロ。
効率化する手段はさまざまです。
これらとRPAの違いを比較してみます。

▎AIとRPA

AI=人工知能を使う場合は、文字認識、画像認識、音声認識など、データで学習すれば、ある程度の判断ができるものです。

一方、RPAを使う場合は、あくまで人間がやってもらいたいことをプログラムとして、伝えなければいけません。

ここが大きな違いです。

もちろん、AIを組み合わせて画像認識や音声認識をするRPAというものはありますし、今後RPAがさらに進歩すれば、人間がパソコンでどういった操作をしているかをAIが自動的に認識して、RPAのプログラムを自動でつくってくれるということも実現する予定です。

今後はAIとRPA、ITが融合して、効率化というものが進んでいくでしょう。

ITとRPA

　ITとは、Information Technologyの略であり、RPAは、ITに含まれるものと考えられます。ITには、既製のソフトを操作するだけのものも多いのですが、RPAは、自らプログラミングして自由に使えるものです。

マクロとRPA

　RPAのようなプログラミングによる効率化は、Excelマクロでも同じようなことができます。
　ただし、Excelマクロは、原則として、Excelを効率化するものであり、RPAは、Excelに限らずあらゆるソフトを効率化できるという違いはあります。

RPAを使うべきかどうか

　RPAが効率化の1つの方法になるのは確実です。
　誰でも試してみる価値はあるでしょう。
　ただし、どの場面でRPAを使うべきか、どの場面でITを使うべきかという区分けは難しいものです。
　その区分けを考えすぎると効率化ができなくなります。
　Excelの操作をRPAでやるということもできますが、Excelマクロを使ったほうが早い場合もあります。
　それでもExcelマクロを習熟するよりはRPAを使ったほうが他の仕事にも使えるので、まったくプログラミングをしたことがない方はRPAから入るというのも手でしょう。
　前述のとおりRPAのほうが間違いなくハードルは低いものです。

どれを使うべきかは、一度は使ってみないとわからないものです。
ExcelとExcelマクロにもそれはいえます。

Excelマクロをまったく使わずに、これをマクロでやったほうがいいか、Excelの機能でやったほうがいいかというのは分からないものです。

まずはマクロをやってみて、Excelと比較しながら検討してみるということをおすすめしています。

RPAでも何でも効率的な手段を使ってみることをきっかけとして、自分の仕事のやり方を変えることができます。

お客様からExcelのデータをFAXでもらっているのであれば、効率化するのは難しくなります。

そうであれば、Excelのデータをそのままメールに添付してもらうか、またはDropboxで共有しておけば、そのデータを加工して会計ソフトに入力することができるわけです。

この場合、会計ソフトの入力にRPAを使うこともできますが、Excelデータがあるのであれば加工してインポート機能で取り込んだほうが早いですし、メンテナンスもしやすくはなります。

実際に使ってみることが何よりも重要です。

6　RPAで効率化している事例

RPAで効率化している事例をご紹介します。

▌ネットバンクにログインして明細確認

　RPAを実行すると、ネットバンク（例　住信SBIネット銀行）をブラウザーで開き、ログインし、画面を切り替え、明細を表示します。

■ 住信SBIネット銀行（ログイン前）

　ネットバンクをブラウザーで開いてIDとパスワードを入力してログインすると、明細が表示されます。

■ 住信SBIネット銀行（ログイン後）

ブラウザーを開いて、ブックマーク（お気に入り）からネットバンクを選んで、ログインをクリックしてというのは、それなりに時間がかかります。
　銀行によっては画面操作の途中にお知らせがあり、それをクリックしないと次に進めないものもあるでしょう。
　具体的な方法は、
　・ブラウザーでネットバンクのサイトを開く
　・IDを入力する
　・パスワードを入力する
　・ログインボタンをクリックする
　・お知らせが表示されているので［次へ］をクリックする
　といった手順です。
　私はこの部分でもRPAを使っています。
　ネットバンクの明細を確認するというのは、例えば、税理士業の報酬もですが、セミナーやコンサルティング、単発の相談の報酬の確認でよくやることです。
　入金があれば、入金の確認メールが必ず送られるようにしています。
　アプリやサイト、クラウド会計ソフトで確認するよりも、ショートカットキーでRPAを実行したほうがはるかに速いのです。
　これぐらいのことだったら自分でやればいいじゃないかと思うかもしれません。
　しかしながらこれを最速でやったとしても20数秒の時間がかかるでしょう。
　その20数秒が、例えば、RPAを実行して1秒でやることができるの

であれば、それは確実に短縮しておくべきでしょう。
　考えることを1秒に短縮するということはできませんが、こういった操作は1秒に短縮できるものです。
　短縮できるのは20秒程度かもしれませんが、これを何度もやることを考えるとその積み重ねは大きくなります。
　地道に短縮しておくと他のアイデアも浮かんできますのでもっと大掛かりな効率化もできるわけです。
　まずは目の前の1秒を確実に短縮することを目指しましょう。

ネットバンクで振込

　上記の事例を一歩進めると、ネットバンクにログインして、振込先を入力して振り込むということができます。

　ここでやっていることは、前述のものに加えて振込先（銀行名、支店名、口座種別、口座番号）を入力するということです。

　ネットバンクではあらかじめ登録しておいた登録先をクリックして振り込むということもできます。
　しかしながらRPAでは毎回振込情報を入力するようにしています。
　なぜかというと登録先の振込があったら登録先をクリックする、そうでなかったら新しい振込先を入力するという処理をすると、プログラムが複雑になるからです。
　もちろん、そうやってつくることもできますが、できるだけシンプルなプログラムにするのであれば条件によって処理を分けずどんな場合でも、振込情報を毎回入力するようにしたほうが好ましいのです。

第1章 RPAを使ってできること

　人手でやるのであれば毎回入力するというのは大変ではあるのですが、RPAでやるとその手間はかかりません。
　RPAを導入すると仕事のやり方が変わるということです。プログラミングに合わせてその仕事のやり方を変えましょう。
　税理士業務でも会計ソフトが導入されたとき、e-Taxが導入されたときなどは、仕事のやり方自体が変わったはずです。
　それと同じような大きな変化がRPAを使うときにもあります。

　Excelに振込先の口座情報を入れておきそれを使って振り込みます。
　Excelの口座情報をRPAが読み取るわけです。
　ExcelにデータをつくってRPAを実行すればそれだけで振込の確認画面まで進みます。
　振込前に人が確認してから振り込むようにしたほうが、安全で現実的です。
　もちろん、振込まで自動化することはできます。
　Excelにデータをつくる、またはもともとExcelのデータがあればそれを使ってこのように自動化できるのです。
　Excelに入力したものが間違っていればエラーが出ます。
　口座番号や支店名も間違いなく入力しなければいけませんし、融通は一切利きません。
　それをめんどくさいと思うかどうかというのが効率化できるかどうかの分かれ目です。

　人間がデータを間違いなく準備すれば、それを正確に100%実行し

てくれるのがITでありRPA、プログラミングであり、その代わり人と異なり疲れることなく確実に作業してくれます。

人がやる場合は口座情報を目で見て入力してそれを何度か確認することでしょう。

それを何度も繰り返していると時間もかかり間違いは必ず起きます。

RPAの場合はそれがありません。

人間の良さ、RPAの良さをうまく使い分けるというのが効率化の秘訣であり、これからの生きる道です。

これは会計ソフトと税理士にもいえるはずです。

会計ソフトなら転記を間違えたり合計を間違えたりすることはありません。

かといって、これを人がやると転記を間違えるでしょうし、合計を間違えることもあります。

集計すること・転記することは会計ソフト、データをチェックすることは人が得意とすることです。

RPAだからといって万能というわけではありません。

RPAが得意なことはRPAに任せ、人が得意なことは人がやっていきましょう。

▌電子申告開始届をExcelから入力

ネットバンクの事例と同様に、Excelからブラウザーに入力する事例としてRPAを使っているのは、電子申告開始届です。

第1章 RPAを使ってできること

　電子申告開始届をつくるときにお客様のデータをExcelに準備しておけば、それを次から次に読み取って連続で登録することができます。

■ 電子申告開始届をExcelから入力

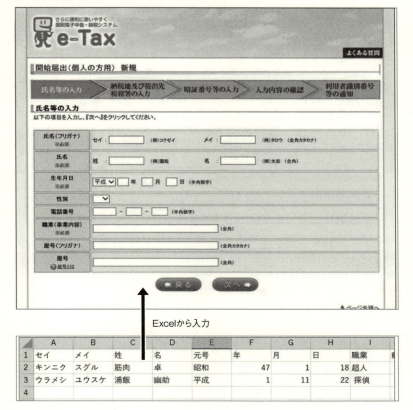

　具体的な方法は、
　　・Excelからデータを読み込む

23

・ブラウザーを開いてサイトにアクセスする
・サイトに入力する
・入力後出てきた利用者識別番号と暗証番号をExcelに書き込む
という手順です。

ここではさらに繰り返しという処理も入れることができます。
　処理を繰り返すという指示をすれば、複数のデータがあったとしても連続で取り込むことができます。
　同様に税務ソフトにお客様のデータを登録するということもこの仕組みを使うとできます。
　そうするとExcelに一度データを整えるだけで開始届も提出でき、税務ソフトにも入力できるということです。

その他の事例

　執筆時現在、次のような場面で私はRPAを使っています。

入金確認

　銀行に振込があると、メールが届きますが、どこからいくら入ってきたかはわかりません。
　そこで、ネットバンクにログインして入金明細の画面を開くためにRPAを使っています。
　ショートカットキーに登録しておき、メールが届きRPAを実行すれば、ブラウザーを開く→ネットバンクにログインする→お知らせ画面を次に進む→入出金画面を開くという一連の処理を自動化できるのです。

その都度の振込

　仕事、プライベートで振り込むときにRPAを使っています。
　RPAを実行することで、入力ボックスが表示されるので、振込情報を入力すれば、ネットバンクにログインして振込画面に銀行、口座、預金種別、口座番号、金額を自動的に入力できるのです。

メッセージボックスの確認（第3章6の事例参照）

　お客様のデータベース（Excel）で、お客様を指定し、RPAを実行すれば、利用者識別番号と暗証番号をExcelから読取→ブラウザーでe-Taxにアクセス→利用者識別番号と暗証番号でログインという一連の処理を自動化しています。

会計ソフトからエクスポート（第3章7の事例参照）

　会計ソフト（後掲の第3章7の事例では弥生会計。クラウド会計ソフトでも可能）を起動し、必要なデータ（仕訳帳や推移表など）をエクスポートして、所定のExcelに貼り付けることを自動化しています。

会計ソフトからインポート

　Excelファイルを会計ソフトへインポートできるCSVファイルに加工し（この部分はExcelマクロ）、そのCSVファイルを会計ソフトにインポートすることを自動化しています。
　（Excelマクロの実行もRPAで自動化）

Excelから確定申告書作成コーナーへ入力（第3章8の事例参照）

　Excelデータをブラウザーの確定申告書作成コーナーへ入力するこ

とを自動化しています。

請求書PDF→振込

　請求書のPDFがメールで届いたら、そのPDFから金額を読み取ってネットバンクにログインし、特定の振込先に振り込むというものです。

ペイジー→振込

　ペイジーで税金を払うときに、収納機関番号、納付番号をプログラムに入力して、RPAを実行すればネットバンクで振り込みます。
　私の場合、ゆうちょ銀行でワンタイムパスワード（振込に必要なパスワードがメールで送られてくる）を設定していますので、そのパスワードがメールに届いたらそれを読み取って自動でネットバンクに入力するというところまでRPAでつくっています。

Excel→概況書

　Excelでつくった概況書データ（B/S、P/L、推移表など）を税務ソフトの概況書に入力します。

Excel→財産評価明細

　Excelでつくった財産評価明細の金額を税務ソフトに入力します。

Excel→確定申告

　Excelでつくったデータを確定申告ソフトに入れることができます。
　例えば、源泉徴収票や医療費やふるさと納税のデータをRPAで自

動入力することができ、人が入力しなくて済むのです。
　（医療費はExcel取込がありますが）

Excel→源泉納付→メール
　Excelにつくった源泉所得税のデータをe-Taxに入力して送信し、その結果のデータをメールでお客様に送るということができます。

委任関係の登録
　個人のお客様のe-Taxのメッセージボックスを確認するためには、委任関係の登録が必要です。
　Excelのお客様データからデータを読み取り、e-Taxで手続きすることをRPAで自動化しています。

第2章

RPA入門の前のプログラミング入門

1　プログラミングとは

　第2章ではRPAを使うのに必要であり、効率化にも欠かせないプログラミングの知識について解説していきます。

▌プログラミングとは伝え方

　プログラミングとは、プログラミング言語と呼ばれるものを使ってパソコンに人が仕事を伝えることです。

　例えばExcelのセルに100を入れる場合、それをプログラミング言語で伝えれば、人がやらずともその100を入力してくれます。

　その場合は、パソコンが理解できるような言語で伝えなければいけません。

　人が人に仕事を伝えるように「100と入れておいて」「100って入れて」「100って入れておけ」とパソコンに言ったとしても伝わらないわけです。

　いきなり言われても、どのセルに入れるのか、どのファイルに入れるのかわからないでしょう。

　人はなんとなくその意図を理解してくれます。

　「今このファイルを開いていてこのA社の処理をしているのだから、A社のファイルのここに100を入れるのだろう」と推測してくれるのです。

　しかしながら、パソコンにはそういった機能はありません。

　だからこそ事細かに伝えなければいけないのです。

「今開いているExcelのシートのセルA1に100を入れてください」ときちんと言葉にする必要があります。

　これをめんどくさいと感じるかもしれません。

　わざわざそんなことをきちんと伝えなければいけないのかと思うことでしょう。
　しかしながら、そもそも人と人のコミュニケーションでも、きちんと伝えることは必要なはずです。
　何を、どこに、いつ、どうすればいいのか、その意図は何かなど本当の意味でお客様に伝えているでしょうか。
　そういったことを学べるのもプログラミングの成果の1つといえます。

　パソコンは正しく伝えることができれば、確実にその仕事をこなしてくれます。
　その伝え方を勉強するのがプログラミングです。

　この「正しく伝えなければいけない」というのは、実はプログラミング以外でもあてはまります。
　例えば、パソコンを操作するときキーボードで100と打ちます。
　これもパソコンに人間が仕事を伝えているわけです。
　100と打つべきところ、誤って0を1つ多く打ち1000になる場合もあれば、0が1つ足りず10になる場合もあります。
　こういったときに「パソコンは融通が利かないからダメだ。手書き

の方がいい」と思ってはいけませんし、思わないでしょう。
　パソコンとはそういうものなのです。
　正しく伝えれば正しく動いてくれますし、そうでなければ動きません。

　何かしらエラーが出たときも、多くの場合、人が何かをしています。
　人が何かしないと、そういったエラーは起こりえません。
　その伝え方が正しいかどうか、キー操作が正しいのか、入力が正しいのかということを常に意識することがパソコンの上達への近道です。

　今や税理士業は、パソコンなしでは成り立ちません。
　新しい技術も出てきますし、お客様もそれを求めています。
　だからこそ、そのパソコンの使い方がうまくなるためにプログラミングを学ぶというのは、効率化における効果的な方法の1つなのです。

2　プログラミングに対する誤解

　プログラミングに対して誤解されていることは、多いものです。

▎プログラミングはプロがやるもの
　「プログラミングなんてプログラマーがやるものではないか」と思われるかもしれませんが、決してそんなことはありません。
　私自身20年以上プログラミングをやっていますが、決してプログラミングのプロではありません。

それでも仕事に取り込むことで絶大な効率化を図り、時間をつくっています。

私が税理士試験に合格できたのも、税理士として独立して今のようなスタイルを築けているのも、プログラミングのおかげです。

ITの進化、パソコンの進化によりプロとアマチュアの区別がつかなくなっています。

税理士業でもそうではないでしょうか。

以前は、仕訳を入れ、集計して、試算表にして、決算書にすることはプロにしかできませんでした。

税金の計算もプロでなければできない難しいものだった時代があります。

しかしながら今は会計ソフトを使えますし、税務申告もソフトを使ってできる時代です。

すべてではないにしろ、プロでなくてもできることが増えています。

国税庁が自ら無料の確定申告書作成等コーナーをつくり、それを使って自ら申告する方が増えているわけです。

デザインでもホームページでも、プロでなくてもつくれる時代ではあります。

プログラミングもその1つなのです。

▎プログラミングは理系じゃないとできない

「プログラミングなんて理系じゃないとできない」と思われているかもしれません。

そもそも税理士は理系よりも文系が多いものです。

そして文系だからプログラミングができないということはありません。

むしろ文系だからこそ論理的に考えることができ、プログラミングができるという考え方もあります。

また、税理士は税金の計算をするのだから理系の仕事だと思われることもありますが、皆さんが感じているとおり、決して理系の仕事だけというものではなく、

・実際の取引をどう仕訳に反映するか、表現するか
・数字を見て何か違和感がないか
・節税をするために必要な法律を読み込み、解釈する

といった文系的な判断は山ほどあるはずです。

むしろ文系だ理系だと分けて考えることすら意味がないことでしょう。

だからこそ「プログラミングは理系じゃないとできない」という考え方は意味がありません。

■ プログラミングはなんでもできる

「プログラミングを使えばなんでもできる」と思っていらっしゃるかもしれませんが、前述のとおり、プログラミングは万能ではありません。

人が得意なこととプログラミングで実現できることをうまく使い分けて効率化していくというのが現実的です。

人だと許されるのに、機械やパソコンは許されないという傾向もあります。

人がミスすれば「まあそういうこともあるよね」と許せることも、

パソコンだと「何で間違えるんだ、融通が利かないな」と怒ってしまうのは人の性ではないでしょうか。

確かに融通が利かないものでめんどくさい部分もあります。

しかしながら、正しい伝え方をすれば確実にこなしてくれる素晴らしさがあるのはプログラミングのメリットです。

人のように今日は疲れていたから、うっかり間違えた、やる気が起きないなんてことは決してありません。

3 税理士がプログラミングに向いている理由

税理士はプログラミングに向いています。

なぜなら、論理的に考える、筋道をたてるといったことは普段仕事でやっているはずです。

お好きではないでしょうか。

プログラミングをする際に、ExcelのセルA1にある数値をセルB2に入れたい場合、それをプログラミング言語で表現しなければいけません。

Excelマクロなら

```
Range("B2").Value = Range("A1").Value
```

と書きます。

会計処理をする際に、売上代金5万円を振込で受け取った場合、それを仕訳で表現しなければいけません。

預金/売掛金　50,000

となります。

　どこか似ているとは思わないでしょうか。

　プログラミングと仕訳は、もちろん大きく違う部分もあるのも事実です。
　その1つはアルファベットで書くということ。
　仕訳の数字部分以外は日本語ですが、プログラミングは数字がある部分以外はアルファベットです。
　ここで抵抗感を持つ方もいるでしょう。
　しかし、これは乗り越えなければいけないことであり、乗り越えて価値があることでもあります。

　税理士にパソコンやITはつきものですので、パソコンやITに強くなりたいと思っていらっしゃる方も多いでしょう。
　そのパソコンやITを使うときにアルファベットや横文字が山ほど出てくるはずです。
　アルファベットが嫌だ、英語が嫌だといっていては、苦手意識はなくなりません。

　むしろプログラミングをしてアルファベットに真正面から向き合うことで、ITに強くなるきっかけをつかむことはできます。
　もちろん英語をペラペラ話せるようにならなければいけないというわけではありません。

アルファベットを見て抵抗がないぐらいになれば十分です。

　これはお客様に対して思うことと同じではないでしょうか。
　数字がめちゃくちゃ大好きというほどにまでならなくてもいいはずです。
　「数字を見て苦手だから絶対嫌だ」というところは必要最低限抜け出していただきたいのではないでしょうか。
　それと同じことです。

　本書をきっかけにプログラミングと向き合い、パソコンやITへの苦手意識をなくし、アルファベットへの苦手意識もなくしていただければと思っております。

4　プログラミングのメリット

　プログラミングを日々やるメリットは次のようなものがあります。

効率化スキルを学べる

　プログラミング自体で業務を効率化できるのはもちろん、効率化スキルを学べるのは大きなメリットです。
　私が業務を効率化できているのはプログラミングから習ったことが大きく占めています。
　それは試行錯誤するということ、間違ってもいいということです。
　そしてこの効率化スキルは税理士にとって非常に価値があるものです。

プログラミングは正しく入力しないとエラーが出ます。

このエラーを気にしていてはなかなか前に進めません。

プログラミングしたら、そのプログラムを実行してみるのをおすすめしています。

間違っていた場合、エラーが出るので、「そっか」と修正すれば問題ありません。

くよくよ考えているよりも、さっと実行してエラーを見つけたほうが早いのです。

例えば次の2つの違いはわかりますでしょうか。

```
Range("a1").value=100
Range(a1").value=100
```

上が正しいもので下が間違っています。

下は何が違うかといえばa1の前のダブルコーテーションが1つないだけです。

たったこれだけでエラーが出ます。

この間違いを目で見つけるのは大変ですので、えいやっと実行してみるわけです。

それでエラーが出れば、「何かが間違っているんだな」とわかって、間違いを見つけて修正すれば次に進めます。

「税理士は間違ってはいけない」といわれることが多く、間違いを

恐れすぎて時間をかけすぎたり、行動できなかったりしてしまいがちです。

もちろん間違えないのは理想ですが、効率化には間違えるリスクがあり、それを恐れすぎないことが欠かせません。

例えばホームページをつくるのにいつまでもじっくり考えて完璧なものを出そうとしているといつまでたってもホームページをアップできないものです。

ある程度の形になったら、公開して、その後にちょっとずつ修正を加えていくというやり方がうまくいきます。

私は決算もこういった考え方でやっています。

データをチェックするときに、仕訳をひとつひとつ丁寧にチェックしていては時間がかかりすぎます。

それならば、さっと集計してみて集計結果をチェックして、間違いがあれば仕訳を修正したほうが早いでしょう。

手書きの時代は、そこで間違っていたら仕訳から修正してまた転記しなければいけないので大変でした。

しかしながら、今は会計ソフトがありますのでこういった方法もできるのです。

細かく見ないようにするということもやっておくと、税理士としての時間と業務のバランス感覚を保てます。

▌試行錯誤を学べる

プログラミングは試行錯誤しながら進めます。

この試行錯誤を学べるのもプログラミングのメリットです。
　プログラミングは、なかなかうまくいかないことも多く、その試行錯誤の過程が血肉となります。
　うまくいったとしてもさらなる改善を目指すには、試行錯誤が必要です。
　こういった試行錯誤は、仕事を進める上で非常に大事なことであり、プログラミングにより、
　・新しいものを取り入れてみる
　・やめてみる
　・やり方を変えてみる
　といったことを日々やるクセを身につけることができます。

お金がかからない

　プログラミングはお金がそれほどかかりません。
　本書で取り扱うRPAツールのUiPathも条件付きで無料ですし、ExcelマクロもExcelを持っていれば無料で使えます。

　自分でできることが増えるとお金はかかりません。
　逆にソフトを買ったりオリジナルのソフトを開発してもらったりすると膨大なお金がかかります。
　そうではなく手元にあるこのプログラミングスキルを使えば無駄なお金も使わずに済むわけです。
　ITの世界はこのお金を使うかどうかの区別が大事です。
　税務ソフトが高ければ、間違いがなく使いやすいかというとそうでもないでしょう。

もちろん勉強するためには時間やお金が多少なりともかかります。

その勉強するための時間やお金は後々に残るものですので、投資してもよいものです。

ソフトの開発を丸投げしていてはいつまでたっても、こういったことに詳しくはなりません。

また、もし頼むとしても一度プログラミングをやっておけば役に立つこともあるはずです。

まったくわからないことを頼むのと、多少なりとわかっていることを頼むのとではまた違います。

これは、一般の方が税金や会計を理解して自分でやるようになれば税理士報酬がかからなくなるというのと同じことがいえます。

税理士に依頼するとしてもある程度税務会計のことがわかっておいたほうが、より税理士を活かせるはずです。

これと同じようなことがプログラミングにもいえるのです。

5　プログラミングのエラー

プログラミングにエラーはつきものです。

そのエラーには次の3種類があります。

文法エラー

文法が間違っているというものです。

これは各プログラミング言語が、エラーを出してすぐに教えてくれます。

それを修正すれば問題ありません。

ピリオドやカンマ、かっこが抜けている場合もこの文法エラーになります。

例えば、レシートから仕訳をちゃんと入力できているかというのがこの文法エラーに相当します。日付、借方、貸方、金額のうち、いずれかが抜けていると文法エラーになります。

▍実行エラー

プログラムを実行したときにわかるエラーが実行エラーです。

例えば、RPAで国税庁のサイトに数字を入力するというときに、いざ実行してみるとエラーが出ることがあります。

例えば、「ログインID欄にログインIDを入力」とRPAに伝えて、RPAが入力する場所を探しているのに画面内にそれがなかった場合、「ログインID欄がないよ」というエラーを出すわけです。

プログラム自体は「ログインIDを入力する」という文法が合っていればエラーは出ません。

実行した後にエラーが出るわけです。

だからこそ、前述したようにさっと実行してみるというのをおすすめしています。

エラーになったからといって評価が下がるわけではありません。

経理でいえば、仮に月ごとに集計するプログラムを書いたとして、仕訳は正しく入力されていても、集計のプログラムが間違っていれば、エラーとなります。

これが実行エラーです。
自分で書いたプログラムではそういうことが起こりえます。

▍論理エラー

プログラミングも文法的に合っていて、実行してもエラーが出ずにプログラムは完了している状態になるが、実際には間違った処理がされている場合です。

最も気づきにくく気をつけなければいけません。

例えば、ExcelでシートAフンレA1のデータを、シート「請求書」のセルD7へ移すといったときに、そのプログラミングが合っていればその処理は実行してくれます。

ただし、セルD7ではなくセルE7に入れなければいけなかった場合は間違った処理がされていることになります。

これが論理エラーに相当するわけです。

経理でいえば、仕訳を入力してそれを集計した試算表を見たときにエラーが出ているという場合と同じようなものです。

文法が正しく、消耗品費と入力しているのに交際費として集計されていたら論理エラーとなります。

こういったエラーに気をつけるということもプログラミングでは大事です。

6　仕事のルール化

　プログラミングの欠点の1つは、不規則なものには対応できないというものです。

　例えば、Excelの「データ」シートのセルA1にあるデータを「請求書」シートのセルD7に入力するというものがあった場合、人間が間違ってセルA1ではなくセルB1にデータを入れていたらどうしようもありません。

　また、今月はセルA1だったのに、来月はセルB1といった不規則なことをやってしまうとプログラムは正しく動かないのです。

　人の気まぐれや気分で仕事のルールを変えては、プログラムは正しく動きません。

　本来は人の仕事もそうあるべきなのですが、プログラミング思考がないためにそこが曖昧になっているのです。

　プログラミングをやっておけば、そういったイレギュラーなことをやらなくなるという効果もあります。

　だからこそ、私はすべからくプログラミングをやるべきだと思っております。

　そうすれば仕事のルールを適当に考えるということがなくなるでしょう。

　RPAでもその仕事のルール化が大事です。

　こういった場合はこうする、こういった場合はこうするという条件がたくさんあると、それもプログラムに反映しなければいけません。

そうなると処理が難しくなるのです。

例えば、全角と半角でも違いはあります。
プログラム上、これらは別のものです。
全角で入力したり、半角で入力したり、気分でルールを変えてしまうと効率化はできません。
また仕訳の摘要でいえば、データ上の「打ち合わせ」と「打合せ」は別物です。
これをそのときに応じて、「打ち合わせ」と入れたり、「打合せ」と入れたり、「ミーティング」「食事代」と入れたりしてしまうと、正しく処理できなくなります。

ルールを決め、それを人が守ればプログラミングである程度効率化しやすくなります。
定型のルールどおりの仕事はプログラミングでやり、その他は人間ならではのプログラミングでも効率化できないことをやるべきではないでしょうか。
だからこそ私は徹底的な効率化をしていますが、標準化はしておりません。
お客様によって話すこと・つくるものは違いますし、見せる資料も違っています。
むしろめちゃくちゃ非効率ですが、それをやるために他のことをルール化して徹底的に効率化するという考え方です。

7　データである必要性

　プログラミングはデータ上の世界の話です。
　これはパソコンも同様のことがいえます。
　だからこそデータでないものは異質であり、効率化しようがありません。

　例えば、紙で受け取るとそれ以上の効率化はできないのです。
　前述したOCRを使えばデータ化することはできますが、限界はあります。

　だからこそ最初からデータで受け取ることを考えましょう。
　Excelデータ、CSVデータ、ブラウザーのデータなど、効率化できる形で受け取るのが第一です。

　PDFファイルもデータではあるのですが注意しなければいけません。
　パソコンのデータからつくったPDFファイルであればそれを読み取ることはできます。
　同じPDFファイルでも紙をスキャンしたPDFファイルからデータを読み取るのは至難の業です。
　できる限り元データをもらうようにしましょう。

　通帳をスキャンしたものもそのままでは、データとしては使えません。

紙をスキャンまたはカメラで撮ったものは、データとしてまだまだ使えないと考えておきましょう。
（カメラで文字認識もある程度できますが）
　お客様にネットバンクを導入していただきデータで受け取るか、会計ソフトで連動するかが現実的な効率化の方法です。

　日々の経費のデータはなかなか取りにくいのが現実でしょう。
　クレジットカードの利用明細のデータを取ることもできますが、データとして不完全であったり、リアルタイムに処理できなかったりもします。
　できるだけ口座を通した取引にしていただきネットバンクのデータをいただくというのが無難ではあるのですが、どうしてもデータとして入力していただくというのはゼロにはならないというのが現実です。
　私自身の経費で自分が立て替えたものは日々入力しています。
　入力するのは会計ソフトでなくても構いません。
　私は会計ソフトが嫌いでできる限り見たくないということもありExcelに入力しています。
　お客様にもExcelでシンプルに入力していただいており、そのデータを共有しているところです。
　データでなければ効率化できないのですが、データにさえすればなんとでもなるともいえます。
　だからこそExcelデータを会計ソフトへ取り込む（インポート）ということを覚えておきましょう。
　RPAでExcelを見て入力することもできますが、それよりもインポー

トしたほうが早いです。

　インポート機能がない税務ソフトであればExcelを見ながらRPAを使って入力するという方法があります。
　例えば、ふるさと納税のデータであればお客様からデータをいただき、それをRPAで税務ソフトに入れるということをやっています。
　またはお客様の情報をExcelにまとめてそれを税務ソフトに入れたり、ブラウザーの電子申告開始届に入れたりということもRPAでできます。
　どのプログラムでやるかは場合によるのですが、データにしなければ始まらないということは肝に銘じておきましょう。

8　RPA以外のプログラミング

　プログラミング言語にはいろいろなものがあります。
　ハードルの高いもの、使いやすいものそれぞれです。
　ハードルの低いRPAとともに勉強すると相乗効果が見込めます。

▎Excelマクロ

　勉強したものは使ってみるのが一番です。
　逆にいうと使うものこそが勉強の成果を出せます。
　税法でも日々使うものだったり、顧問のお客様で使うものだったりすれば習得が早いはずです。
　そうでないならばその勉強の成果は発揮できないですし、徐々に失っていくでしょう。

第2章 RPA入門の前のプログラミング入門

　それと同じです。

　その観点から考えると間違いなくおすすめなのは、Excelマクロ（VBA＝Visual Basic for Applications）です。
　ExcelについているVBE（Visual Basic Editor）というソフトを使ってプログラムを書いていきます。
　追加コストはかかりません。
　Excelは誰もが使っているものでしょうから、そのExcelを効率化するために使うということができるのです。
　Excelマクロは、情報量も多く勉強する環境が整っているということも大きなメリットといえます。

　またプログラムはそれを書き始めるまでの設定に時間がかかります。
　後述するUiPathも例外ではありません。
　これはしかたのないことではあるのですが、その点でもExcelマクロは非常に設定が楽なのでおすすめです。
　単純に使い始めるなら、Excelシートを開いてAltキーとF11キーを同時に押してみてください（うまくいかない場合、Altキーを押しながらF11）。
　そこに表示されるのがVBAを使ってマクロを書くソフト（VBE）です。
　このハードルの低さはExcelマクロの魅力でしょう。
　私が最初にやったプログラミングの1つで、今も使い続けているものです。

■ VBE (Visual Basic Editor)

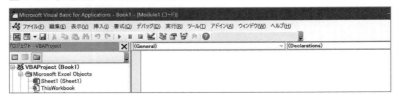

Python

PythonはAIと共に注目されている言語です。

プログラミング言語としてはシンプルでExcelマクロよりもおすすめの部分もあるくらいです。

しかしながらその使い道がなかなか難しいところではあります。

税理士業務では十分活かすことはできないでしょう。

先ほどの「使うものを勉強すべき」ということからも外れます。

Excelマクロのデメリットは基本的にExcelの中での操作を効率化するしかできないというもので、Pythonの場合はExcelに限らずどのソフトも効率化できる可能性がありますが、それならばRPAを使ったほうがはるかに楽です。

PythonでできることはRPAで補いましょう。

HTML・CSS

厳密にはプログラミング言語ではないのですが、HTMLやCSSといったものもおすすめです。

何かを実行するというわけではありませんが、ホームページやブログの表示を変えるということでプログラミングと共通点はあります。

「<」がひとつないとエラーが出る、ピリオドがないとエラーが出る

というようなところは共通点があるものです。

自分でホームページやブログを運営することも不可能ではない時代ですので、あわせて勉強してみるのもいいでしょう。

ただ、WordPressというしくみを使えばHTMLやCSSを知らなくてもブログやホームページの運営は可能です。

それでもHTMLやCSSを知っておいたほうが細かい設定ができますし、リスクも軽減できます。

自分のホームページやブログには愛着があるでしょうから、その愛着があるものの色を変えたり表示を変えたりすることで、勉強するモチベーションを保つことができるのはメリットです。

9 プログラミングの勉強方法

プログラミングを勉強するにはどうしたらいいのでしょうか。

まずは効率化したいという気持ちが大事です。

この仕事を効率化したい、税理士業務を効率化したいと考えれば何かしらアイデアが生まれるはずです。

その中で、そのときに応じて必要なものをネットで検索するというのが勉強方法の1つになります。

例えば「CSVデータを保存する」というプログラムをつくりたいとき「CSV 保存 RPA」や「CSV 保存 UiPath」「CSV 保存 マクロ」と検索するとそれなりの情報が出てくることが多いです。

そのプログラムの部分だけを真似て、自分のプログラムに入れていくなどして、調べていくと徐々に上達していきます。

やるべきことから探してみる、逆引きと考えていただくとよいでしょう。

　並行して入門書にさらっと目を通すというのもおすすめしています。
　本書もその入門書です。
　Amazonで「〇〇入門」と検索すると本が出てきますのでそれを買って読んでみましょう。
　プログラミングの技術書は少々高めな場合もありますが、2000円の本を10冊買っても2万円です。
　新たなスキルを身につけて効率化することを考えれば、惜しくはない投資ではないでしょうか。

　税理士業をやる上で、やはり税理士の知識・スキル以外にも投資することが欠かせません。
　税理士業そのものではなく、税理士業の周辺の知識・スキルに投資するということです。
　そうすることによって、知識・スキルへの投資効率も上がりますし、知識・スキルにかけられる時間も増えます。
　営業やITスキル、そして効率化も周辺の知識・スキルです。

　入門セミナーに行くのもおすすめで、「〇〇入門セミナー」と検索して、そのセミナーに行ってみて基礎を学ぶというのも身につくのが早くなります。

そして、なによりも実際にプログラミングするということが最も効果がある勉強方法です。

これは税法や会計を勉強する場合でも同じことがいえるでしょう。

そのためには日々の仕事にプログラミングを組み込んでいく必要があります。

この仕事をどうやったらプログラミングでできるかを考えて実際にプログラムを書いてみるわけです。

その時間を確保することはかんたんではありませんが、目の前の仕事をそのときに効率化していかないとプログラミングは身につきませんし、やる気が起きません。

オンラインの講座もおすすめです。

無料や安価でオンラインセミナーをやっている場合もありますので、それらを利用しましょう。

無料でUiPath社がUiPathアカデミーというものをやっています。

これは一通りやっておくといいでしょう。

ただし、それなりに難しいので理解しきれなくてもがっかりしすぎないようにしてください。

10　プログラミングの記録とは

プログラミングは、原則として自分でプログラムを書くことをいいます。

ただその一方で、自分がやった手順を記録するという機能もついて

いることが多いのです。

　Excelマクロでも自分がExcelで操作したものを記録するモードがあります。

　ただし、RPA以外ではおすすめはしていません。

　なぜなら記録ではできないことがありますし、マクロを書くスキルが伸びないからです。

　記録ではできないこととは、例えば1つの処理を100回繰り返すプログラムです。

　それを記録してもらうのであれば100回自分がその操作をするか、もしくは1回の操作を記録したものを100個コピーするしかありません。

　これだと何のために効率化しているかわからなくなります。

　「繰り返し」というプログラムを書いておけば勝手に繰り返してくれますし、100回でも、1000回でも繰り返してくれます。

　例えば、Excelマクロだと、こう書けば、A列の1行目から10000行目まで1を入れることができるのです。

```
Dim i
For i = 1 To 10000
    Range("a" & i).Value = 1
Next
```

　RPAにも記録（レコーディング）というツールがあります。

同じように繰り返しというものは記録だけではできませんので、自分で組み立てる必要がありますが、RPAはパーツを組み合わせればそれができるのでハードルが低いものです。

　また、RPAではブラウザーの「ログインID欄にIDを入力する」や「ログインボタンを押す」といった操作を記録させることができます。
　こういった場合は記録させたほうが楽なので記録がおすすめです。
　ただし繰り返しの部分は自分で組み立てなければいけません。

　プログラミング、例えば、Excelマクロの場合は記録をするとマクロのプログラムがそれほど綺麗なものではなく無駄が多くなってしまいます。
　これがマクロの記録でセルA1に100を入力するというものです。

```
ActiveCell.FormulaR1C1="100"。
Range("A1").Select。
```

　元々セルA1にカーソルがあったので、ActiveCell（アクティブセル）という記録がされています。
　100を入れた後にEnterキーを押すとセルA2を選択することになりますので、そこまでが記録されてしまっているのです。

　一方、プログラムを書くとこうなります。

```
Range("A1").Value=100
```

　どうでしょうか。こちらのほうがシンプルで見栄えがいいはずです。

　プログラムの見栄えがいいかどうかというのは自己満足だけではなく実用的かどうかということに関係してきます。
　プログラミングは試行錯誤しながら後で見直して改善していくものです。
　自分が書いたプログラムを見直す必要があるということになります。
　そんなとき、見づらいプログラムだったら見る気がするでしょうか。きちんと改善できるでしょうか。
　だからこそプログラミングにおいてプログラムの見た目は大事なのです。
　こういうわけで、私はマクロの記録をおすすめしてはいません。

　RPAでは事情がちょっと異なります。
　もちろん記録をして見栄えがよくなくなるということはあるのですが、Excelマクロほど複雑にはなりません。
　あくまでパーツとして記録しますのでそれほど目立たないのです。
　そう考えると記録、特にブラウザーの操作を記録するというのは積極的に使っておいたほうがいいでしょう。

11 プログラミングの変数とは

プログラミングでは、変数という考え方があります。

変数とは箱のようなものでいろんなものを入れることができます。

例えば、A社の決算書を「決算書」という変数に入れるとします。

そうすると「決算書」といえばA社の決算書のことを示すことになります。

これを最初に伝えておけば次からはA社の決算書といわずに「決算書」といえば伝わるはずですし、伝える効率も上がります。

またA社、B社、C社、D社とあった場合に、「すべての決算書をチェックして」と伝えると「決算書」という箱（変数）にA社、B社、C社、D社の決算書が入ることになります。

最初はA社、次はB社、次がC社、D社と順番にチェックしていくはずです。

こういった処理をするために変数というものがあります。

Excelのデータを読み込んでそのデータを「ExcelTable」という変数に入れると、「ExcelTableのデータを入力して」と書くと、その「ExcelTable」に入っているデータを入力してくれるのです。

繰り返し処理をすれば、次々に入力することもできます。

UiPathの場合はExcelで見出しを1行目に入れておけば、その見出しでデータを指定できるのが便利です。

例えば、次のような月、日、都道府県、市区町村、金額というデー

タがあった場合、「ExcelTable」の「月」という指示をすれば、2行目から4行目までのデータの「月」を1つずつ入れて処理してくれます。

繰り返しの処理をするときに楽です。

プログラミングの魅力は繰り返しの処理を確実にやってくれることです。

そのときに「すべてのデータで繰り返して」と言えば、2行目から4行目まで繰り返してくれます。
そうすると人間がデータを数えて伝えなくてもいいのです。

また条件によって処理を分けることができます。
例えば、データのうち、IDが7桁だったらこう処理し、9桁だったらこう処理するという指定ができます。
ただし複雑な条件が多いとプログラムを書くのも難しくなりますので、できる限り仕事を整理してシンプルな条件にしておいたほうがプログラムを書くのも楽になります。

第3章

RPAの使い方

1 UiPathの導入手順

RPAソフトUiPathを導入してみましょう。
ダウンロード、インストールまでを解説します。

▌UiPathのダウンロード

まずUiPathをダウンロードしましょう。
UiPathのサイトにアクセスします。
(「UiPathコミュニティ」と検索)

ページ右上の[トライアルを開始]をクリックし、次のページが表示されたら[COMMUNITY EDITIONを使用する]を選びます(**画面1**)。

■ 画面1　UiPath Community Edition

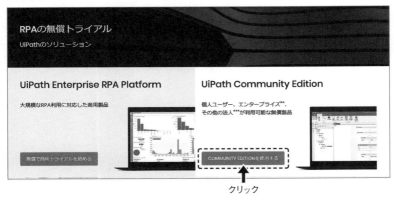

姉、名、Eメールを入力し(ツイッターユーザーは任意)、プライバシーポリシーに同意のチェックを入れ、[COMMUNITYエディションのダウンロード]ボタンをクリックします(**画面2**)。

第3章 RPAの使い方

■ **画面2 ダウンロード画面**

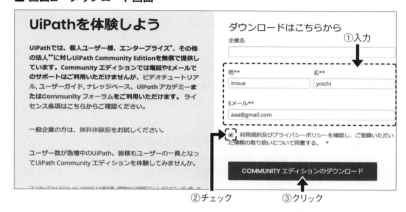

メールでダウンロードリンクが届きますが、次の画面の［またはこちらからダウンロードできます］の［こちらから］をクリックしてもダウンロードできます（**画面3**）。

■ **画面3**

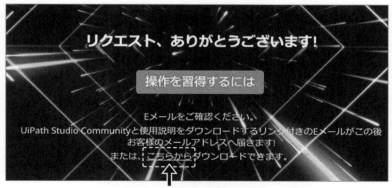

クリックしてダウンロード可能

ダウンロードしたファイルをダブルクリックして実行しましょう。

[UiPath Studioへようこそ]という画面が表示されたら、[Community Editionのアクティベーション]を選びます（**画面4**）。

　アクティベーションとは、ソフトを使えるようにする手続きです。

■ **画面4**　UiPathをインストール後はじめて起動したところ

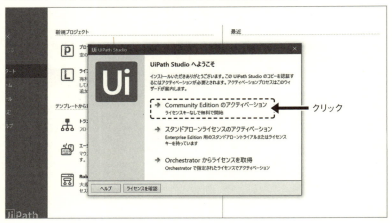

　メールアドレスを入力して、登録し、[アクティベーション]をクリックすると、ブラウザーでUiPathのオフィシャルサイトが開きます。その後RPAソフトのUiPathに戻れば、UiPathを使えるようになります。

　定期的にアクティベーションを求められますので、その際は再度手続きをしましょう。

　また、このアクティベーションはパソコンごとにやる必要があります。

第 3 章　RPA の使い方

2　UiPathを使ってみる

ではUiPathを開いてみましょう。

▌UiPathでファイルをつくる

新規プロジェクトの［プロセス］をクリックします（**画面1**）。

■ **画面1　新規プロジェクト**

標準設定では「空のプロセス」という名前がつきます。

これがプロジェクト名になりますので、名前をつけましょう。

今は、「サンプル」とつけてください（**画面2**）。

■ **画面2　UiPathでファイルの作成**

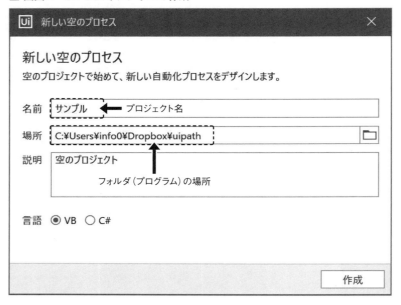

　［場所］の右側のフォルダのアイコンをクリックすると、プロジェクトのフォルダを置く場所を選ぶことができます。

　UiPathは複数のファイルをプロジェクトフォルダで管理するしくみですので、プロジェクトフォルダを置く専用の場所を1つつくっておきましょう。

　このフォルダはDropboxで共有している他のパソコンでも開いて使うことができます。

　（Dropboxとは、ファイルを共有できるサービスです）

　［場所］を指定したら［作成］ボタンをクリックします。

　UiPathが起動したら、中央やや下の［メインワークフローを開く］

第3章 RPAの使い方

をクリックしましょう。

さらに、左下の［アクティビティ］をクリックします（**画面3**）。

■ **画面3　UiPathを起動したところ**

これで準備完了です (**画面4**)。

■ **画面4　メイン画面**

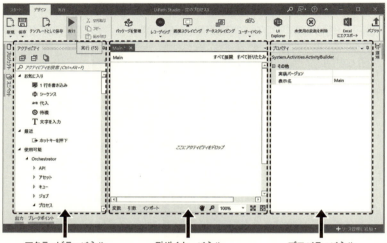

アクティビティパネル　　　デザイナーパネル　　　プロパティパネル

メニュー (リボン)

画面上部ではExcelやWordでもおなじみのメニュー (リボン) が並んでいます (**画面5**)。

■ **画面5　メニュー (リボン)**

よく使うのは、
- [保存] →プログラムの保存 (Ctrl+S)
- [デバッグ] の [ファイルを実行] →プログラムの実行 (Ctrl+

第3章 RPAの使い方

F6)
- ［レコーディング］→操作を記録させてプログラムをつくる
- ［パブリッシュ］→プログラムをタスクバーやショートカットキーで実行するための準備

です。

レコーディングには、さらに次のようなメニューがありますが、使うのは2つ。

パソコン内のソフトなら［デスクトップ］、ブラウザーなら［ウェブ］です（**画面6**）。

■ **画面6　レコーディング**

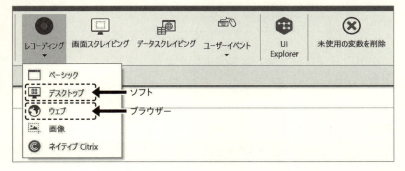

アクティビティパネル

アクティビティとはUiPathでつくるプログラムの部品です。これを組み合わせてプログラムをつくっていきます。

中央のデザイナーパネルにアクティビティをドラッグするとプログラムがつくれるわけです。

67

■ パッケージの更新

このアクティビティは、パッケージというものをダウンロードすると使えるようになります。

メニューから［パッケージを管理］をクリックしてみてください（**画面7**）。

■ 画面7 ［パッケージを管理］をクリック

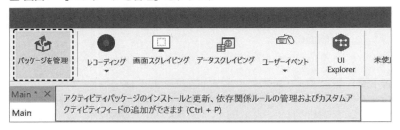

左側の［プロジェクト依存関係］をクリックすると、今UiPathに入っているパッケージ（アプリ）が確認できます（**画面8**）。

■ 画面8 パッケージ（アプリ）を確認

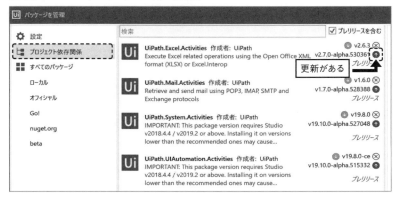

上矢印があるものは、アップデートがあるということですので、ここをクリックし、右側の保存をクリックすれば、ダウンロード→インストールされます（**画面9**）。

■ **画面9　パッケージ（アプリ）を更新**

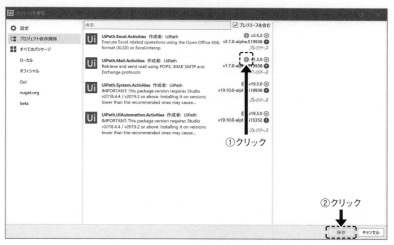

また、画面8にある4つのパッケージ（アプリ）があることを確認し、もしないものがあれば、左側の［すべてのパッケージ］をクリックして、該当のパッケージを検索し、インストールしておきましょう（**画面10**）。

■ **画面10 パッケージ（アプリ）をインストール**

3 UiPathではじめてのプログラム

　では早速、1つプログラムをつくってみましょう（プログラムは、UiPathでは「ワークフロー」といいます）。

　UiPathの代表的な操作方法であるレコーディング（操作を記録する）とアクティビティ（プログラムのパーツを組み合わせる）をそれぞれ解説します。

　つくるプログラムは、ブラウザーで国税電子申告・納税システム（e-Tax）のログイン画面（以下「e-Taxのログイン画面」）を開くというものです。

　UiPathではGoogle ChromeやFirefoxといったブラウザーも使えま

すが、Internet Explorerのほうが安定してプログラムが動きます。

　Internet Explorerを普段使っていない方は、UiPathを使う前に一度開いておきましょう。

　Internet Explorerを最初に開くときは設定が必要ですのでそれを済ませておいてください。

▌UiPathのレコーディング

　まずはレコーディング、操作を記録する方法をやってみましょう。

　Internet Explorerを開いてe-Tax（https://www.e-tax.nta.go.jp/）にアクセスしてみてください。

　アクセスしてから「メッセージボックスの確認（受付システムへのログイン）」ボタンを押しましょう。e-Taxのログイン画面が開きます（**画面1**）。

■ 画面1　e-Taxのログイン画面

```
国税電子申告・納税システム（e-Tax）

ログインすることによって、メッセージボックスや還付金の処理状況などが確認できます。

                    受付システム　ログイン

 ■ マイナンバーカードをお持ちの場合

 ICカードリーダライタを準備し、「マイナンバーカードの読み取りへ」ボタンを押してください。

                    マイナンバーカードの読み取りへ

 ■ 利用者識別番号・暗証番号をお持ちの場合

 利用者識別番号と暗証番号を入力し、「ログイン」ボタンを押してください。
  利用者識別番号と暗証番号とは

        利用者識別番号    □□□□  □□□□  □□□□  □□□□
        暗証番号         □□□□□□□□□□□□□□□□
                        □ 暗証番号を表示する

                        ログイン        クリア


 暗証番号をお忘れになった場合
 「秘密の質問と答え」及び「メールアドレス」を登録している方は、次の「暗証番号再設定」から暗証番
 号の再設定を行ってください。

  暗証番号再設定

 「秘密の質問と答え」又は「メールアドレス」を登録していない方は、次の「変更等届出へ」から変更等
 届出書を提出してください。
 また、利用者識別番号をお忘れになった方も、次の「変更等届出へ」より変更等届出書を提出してくださ
```

　利用環境の警告が出る場合は、画面の指示に従って事前準備セットアップを済ませておいてください。

　今皆さんにやっていただいた「ブラウザーを起動し、e-Taxのログイン画面にアクセスする」ということをUiPathに記録します。

　人がやるときは、

第 3 章　RPA の使い方

・ブラウザーを開く
・URLを入力、またはコピーしたものを貼り付けてサイトにアクセスする

というステップですが、UiPathでは、ブラウザーを開いてURLを入力するという一連の動作で処理します。

UiPathに戻って左側のプロジェクトからMain.xamlをダブルクリックし、画面上部のメニュー（リボン）からレコーディングの［ウェブ］を選んでください（**画面2**）。
（ショートカットキーはCtrl+Alt+W）

ブラウザーとUiPathを切り替えるには、Alt+Tabを使うと便利です。

レコーディングで、ブラウザーの操作を記録するとき（ウェブレコーディング）は［ウェブ］、それ以外のソフトのとき（デスクトップレコーディング）は［デスクトップ］を選択します。

■ **画面2　レコーディング**

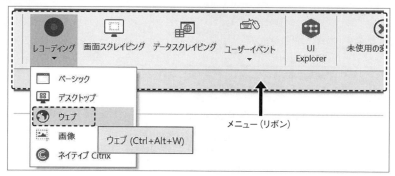

レコーディング→ウェブをクリックするとウェブレコーディングというボックスが表示されますので［ブラウザーを開く］を選択しましょう（**画面3**）。

■ **画面3　ウェブレコーディング**

矢印のカーソルで画面を選択できるモードに切り替わりますので、ブラウザーの任意の場所をクリックしてみてください。

そうすると次のような画面が出てURLが表示されます。

この今開いているサイトのURLをUiPathが記録してくれるわけです（**画面4**）。

■ **画面4　サイトURLを記録**

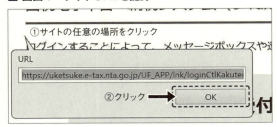

第3章 RPAの使い方

OKボタンをクリックしましょう。

その後、ウェブレコーディングの一番左にある[保存&終了]をクリックしますが、ここではESCキーを押したほうが速いので、ESCキーで操作しましょう（**画面5**）。

■ **画面5　ウェブレコーディング**

ESCキーを押した後は[レコーディング結果を保存しますか]というボックスが出ますので、ここでEnterキーを押します（**画面6**）。

これでレコーディング結果を保存してレコーディングを終了したことになります。

■ **画面6　レコーディング結果を保存**

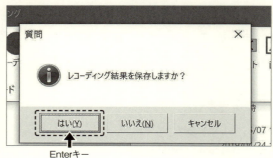

UiPathの画面に戻り、次のような画面になっていることを確認しましょう（**画面7**）。

　［ウェブ］とあるのはウェブレコーディングをしたという意味です。

■ **画面7　レコーディング結果**

　そのボックスの中にサイトのURLがあります。

　これがRPAのプログラムです。

　レコーディングしたプログラムは、削除（Delete）、編集、切り取り（Ctrl＋X）、コピー（Ctrl＋C）、貼り付け（Ctrl＋V）ができます。

　間違って操作した場合も記録されてしまいますが、そのときは気にせずUiPathに戻ってから間違った部分を選択して削除しましょう。

　このプログラムを実行するとe-Taxのログイン画面が開きます。

▎UiPathの実行

　ではプログラムを実行してみましょう。

　プログラムは、メニュー（リボン）のボタンをクリックするか、ショートカットキーで実行できます（**画面8**）。

第3章 RPAの使い方

4種類の実行方法がありますが、主に使うのは[ファイルを実行]（Ctrl+F6）です。

[デバッグ]よりも[ファイルを実行]のほうが、プログラムがどう実行されているかがわかります（**画面8**）。

■ **画面8　UiPathの実行**

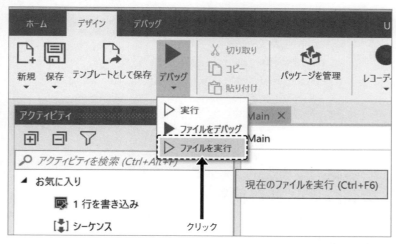

実行すると、e-Taxのログイン画面が開きます（**画面9**）。

■ **画面9　e-Taxのログイン画面**

> 国税電子申告・納税システム（e-Tax）
>
> ログインすることによって、メッセージボックスや還付金の処理状況などが確認できます。
>
> ### 受付システム　ログイン
>
> ■ **マイナンバーカードをお持ちの場合**
>
> ICカードリーダライタを準備し、「マイナンバーカードの読み取りへ」ボタンを押してください。
>
> [　マイナンバーカードの読み取りへ　]
>
> ■ **利用者識別番号・暗証番号をお持ちの場合**
>
> 利用者識別番号と暗証番号を入力し、「ログイン」ボタンを押してください。
>
> 📄 利用者識別番号と暗証番号とは
>
> 利用者識別番号　[　　][　　][　　][　　]

　この意味を考えましょう。

　e-Taxのログイン画面を開くというプログラムをつくり、それを皆さんが実行したわけです。

　皆さん自身がブラウザーを開いて、サイトを開いたわけではありません。

　このプログラムがあれば、もう皆さんがe-Taxのログイン画面を手動で開くということは二度としなくていいわけです。

　プログラムが完璧ならば、違うサイトを開くこともありませんし、違うソフトを選択することもないのです。

　また、この操作を何回でも繰り返すようにプログラミングすることもできますし、さらに追加の処理をすることもできます。

第3章　RPAの使い方

これがプログラミングであり、RPAです。

UiPathのアクティビティでプログラミング

UiPathでプログラミングするもう1つの方法も試してみましょう。今度はアクティビティを使う方法です。

一度、今つくったプログラムを消して、空の状態にしてください。
[ウェブ] を選択して、Deleteキーで消すことができます（**画面10**）。

■ **画面10　プログラムを削除**

削除後

```
Main * ×
Main                                              すべて展開 すべ

                    ここにアクティビティをドロップ
```

　左側のアクティビティで［ブラウザーを開く］というものを探します。

　クリックして探すと時間がかかりますので左側のアクティビティパネルの［アクティビティを検索］欄に「ブラウザ」とカタカナで入れてみてください（**画面11**）。

第3章 RPAの使い方

■ 画面11 アクティビティを選択

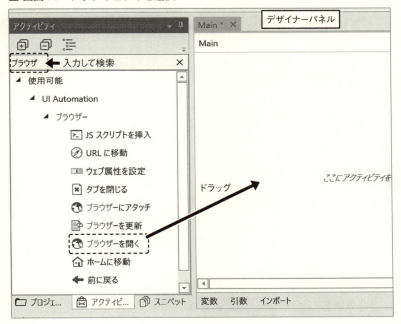

　[ブラウザーを開く] というアクティビティが出てくるはずです。
　これをデザイナーパネルにドラッグしてみましょう。

　これで [シーケンス] というボックスの中に [ブラウザーを開く] というアクティビティが設置されます。
　[シーケンス] というのは、プログラムの1つのステップと考えてください。
　その中に [ブラウザーを開く] というものが入っています。

■ **画面12　エラー表示画面**

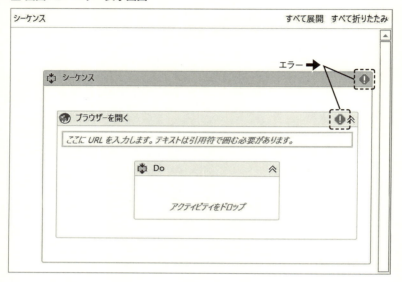

ここで注目していただきたいのは青い警告マークです（**画面12**）。

これが表示されていると、エラーが出ているということになります。

この場合は［ブラウザーを開く］にエラーが出ているので、その上位にある［シーケンス］にもエラーが出ているという状況です。

カーソルをあてるとそのエラーの種類が出てきます（**画面13**）。

第3章 RPAの使い方

■ **画面13 エラー表示画面**

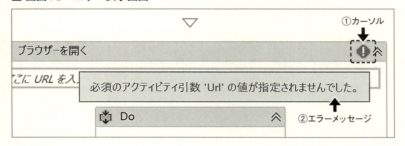

この場合は［必須のアクティビティ引数'Url'の値が指定されませんでした。］と書かれています。

要は「ブラウザーを開くって書いてあるんだけど、どのURLで開くのかが指示されていない」ということです。

税理士業界でもよくあることです。

例えば独立前なら所長から「資料を送っといて」といわれてもどの資料をどうやって送るのかがわからず、もう一度聞いたり、間違えたりするとそれで怒られます。

独立後、ひとりだとしても、お客様やつながりのある人へ具体的に伝えることは、欠かせません。

明確に表現しないと人にもUiPathにも伝わらないということです。

こういったことを学ぶためにもプログラミングをやる価値があります。

では、e-Taxのログイン画面のURLを入れていきましょう。

ブラウザーで該当サイトをいったん開いてそのURLをコピーすると楽です。

ただし、UiPathにURLをそのまま貼り付けてもエラーは消えません。

エラーを見てみると、なにやら次のようなエラーが出ています（**画面14**）。

■ **画面14　エラー表示画面**

これは意訳すると「文字なのにダブルコーテーションで囲まれていない」という意味になります。

UiPathに限らずプログラム全般にいえることで、プログラム（指示）と文字（固有名詞）を明確に区別するため「文字はダブルコーテーションで囲む」という絶対的なルールがあります（プログラムによってはシングルコーテーションの場合もあります）。

URLも文字ですのでダブルコーテーションで囲まなければいけません。

URLを貼り付けた後にダブルコーテーションをつけてもいいのですが、楽な方法は貼り付ける前にダブルコーテーションを入れる方法で

す。

最初のダブルコーテーションを入れると最後のダブルコーテーションも表示されます(**画面15**)。

■ **画面15　ダブルコーテーションを入力**

次のような流れです。

- URLをCtrl+Cでコピー
- UiPathの[ブラウザーを開く]アクティビティにダブルコーテーションを入力
- URLをCtrl+Vで貼り付け

ダブルコーテーションを正しく入力すればエラーが消えます。

■ **画面16 エラーがなくなった状態**

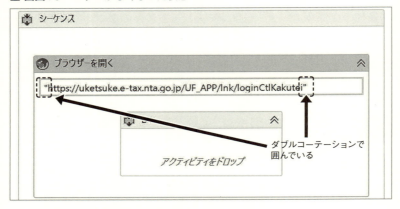

プログラムを実行してみましょう。

先ほどと同じようにe-Taxのログイン画面が表示されれば成功です。

レコーディングでやるかアクティビティでやるかは、ブラウザーを開くのであれば、レコーディングがおすすめです。

ブラウザーを開くプログラムは、比較のために2つご紹介しましたが、今後は、レコーディングでやっていきます。

UiPathの中断

UiPathのプログラムを実行後、反応がなくなったり、途中で止めたい場合は、F12キーを押しましょう。

ただ、うまく中断できないこともありますので、その場合は、Windowsのタスクバー（画面下のバー）の白地に青のUiというアイコンを右クリックして、［ウィンドウを閉じる］を選べば、中断できます。

第3章 RPAの使い方

■ 画面17

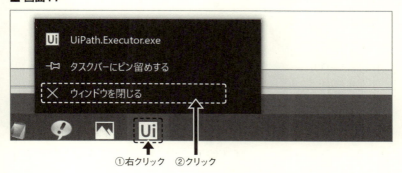

4 UiPathのファイル管理・保存

せっかくつくったプログラムを誤って消さないように、こまめに保存しましょう。UiPathのファイルの保存は、Ctrl+Sです。

保存されたUiPathのファイルを確認してみましょう。

ファイルをつくるときに設定したフォルダを見ると、次のように「サンプル」フォルダがあり、その中にファイルがあるのがわかります。

エクスプローラー（Windowsキー+E）で確認しましょう（**画面1**）。

■ 画面1　エクスプローラーの画面

名前	更新日時	種類
.local	2019/06/24 17:03	ファイル フォルダー
Main.xaml	2019/06/24 17:30	UiPath Studio project
project.json	2019/06/24 17:03	Adobe After Effects J...

フォルダの中身は

.local

Main.xaml

project.json

の3つです。

このうち、.localは、隠しファイルになっていますので、エクスプローラーの表示→隠しファイルのチェックをオンにしないと表示されません。

プログラムが入っている.xamlファイルをダブルクリックすると、UiPathでプログラムが開きます（**画面2**）。

project.jsonは、後ほどふれるパブリッシュのためのファイルです。

■ **画面2　エクスプローラーの画面**

プログラム→クリックして開く

さらに、先ほどの例（e-Taxのログイン画面を開く例）で、レコーディングを続け、利用者識別番号の1つ目を入れてみましょう。

(具体的な入力方法については、P96から解説します)

すると、場合によっては、このようにスクリーンショットを保存してくれます(**画面3**)。

■ **画面3　レコーディング結果**

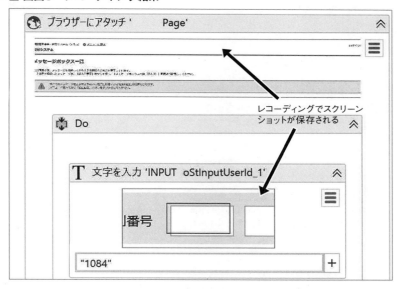

その後、「サンプル」フォルダを見ると、.screenshotsというフォルダが増えています(**画面4**)。

■ **画面4 「サンプル」フォルダ**

	名前	更新日時	種類
	.screenshots ← スクリーンショットの保管場所	2019/06/24 17:37	ファ
	Main.xaml	2019/06/24 17:30	UiP
	project.json	2019/06/24 17:03	Ad

yoichi inoue > Dropbox > uipath > サンプル

ここには、スクリーンショットが保存されています（**画面5**）。

■ **画面5　.screenshotフォルダの中身**

　ただし、このスクリーンショットは、参考として使うもので、最初にレコーディングしたときの画像を撮っているだけにすぎません。

　レコーディング後に、プログラムを変えたとしてもそのスクリーンショットはそのままです。スクリーンショットを変更することもできますが、それほど気にせず変更しなくてもいいでしょう。

　UiPathのプログラムを複数のパソコンや複数人で共有するときは、クラウド、例えば、Dropboxに保存しておけば共有できます。

メールでプログラムを送るのであれば、.xamlファイルだけ送れば共有は可能です。

しかしながら、その場合は、スクリーンショットは共有されません。

また、UiPathは、パソコンの処理速度や画面の解像度、ネット回線のスピードの違いにより、作成済みのプログラムがうまく動かないことがあるので、共有やパソコン買い替えの際は気をつけましょう。

なお、ファイル名の一部もパソコンによって異なります。

5　UiPath Robotで実行

UiPathでプログラムを実行するときに覚えておくと便利な機能があります。

先ほどの例で覚えておきましょう。

メニュー（リボン）の［パブリッシュ］をクリックしてみてください（**画面1**）。

■ **画面1　メニュー（リボン）**

次のようなボックスが開くので、そのまま［パブリッシュ］をクリックします（**画面2**）。

■ 画面2　パブリッシュ画面

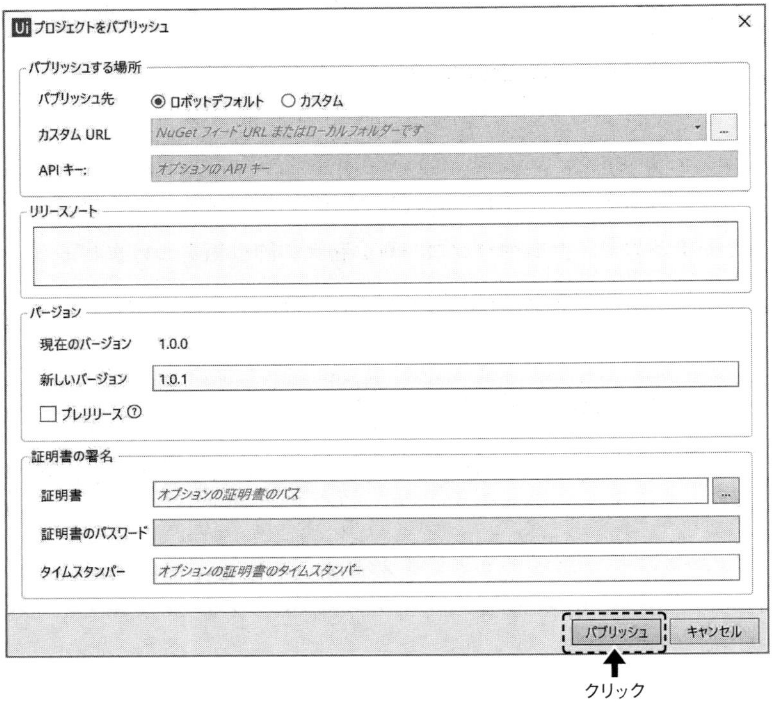

第 3 章　RPAの使い方

次のボックスはOKで閉じてください。

■ **画面3　パブリッシュされたときの表示**

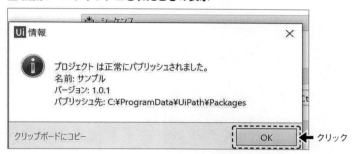

パブリッシュとは、UiPathのプロジェクトをUiPath Robotというソフトで使えるようにする機能です。

Windowsキーを押してuiと入れて検索し、UiPath Robotを探してクリックしましょう。

UiPath Robotを起動後Windowsのタスクバーに白いUiというアイコンが出てくるので、クリックします（**画面4**）。

■ **画面4　Windowsタスクバー**

このようにパブリッシュされたプログラムが表示されます(**画面5**)。

■ **画面5 パブリッシュされたプログラム**

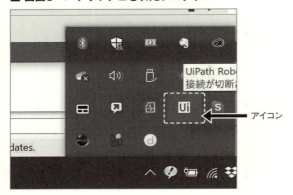

アイコン

　右側のダウンロードボタンをクリックすると、このアプリ上でUiPathのプログラムを実行できます(**画面6、7**)。
　UiPath(正式にはUiPath Studioといいます)を起動させなくてもいいのです。

第3章 RPAの使い方

■ **画面6　ダウンロードボタンをクリック**

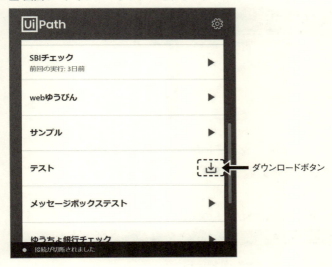

■ **画面7　プログラムの実行**

　さらには、UiPath Robotの右上の歯車のアイコンをクリックし、[Robotの設定] をクリックしてみましょう（**画面8**）。

■ **画面8　UiPath Robotの設定**

ここでは、[キーボードショートカット]で、プログラムのショートカットキーを設定できます（**画面9**）。

■ **画面9　キーボードショートカットの設定**

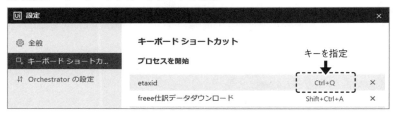

例えば、キーボードショートカットをCtrl＋Qに設定しておくと、CtrlキーとQを同時に押せば、そのUiPathのプログラムが実行されるのです。

UiPath（Studio）を起動せずとも実行できます。

6　UiPathの事例　e-Taxのメッセージボックスにログイン

本書では、UiPathの事例を3つ詳しく取り上げます。

お使いの税務ソフト、会計ソフト、ネットバンクといった、ソフト

に左右されない事例で汎用性が高く、応用が利き、難易度も考慮し、かつ私自身が活用しているものを厳選しました。

まずは1つ目として、国税庁のe-Taxにログインするというプログラムをつくってみます。
・e-Taxのログイン画面にアクセス
・利用者識別番号（ID）を入力
・パスワードを入力
・ログインボタンを押す
という流れです。

シンプルなプログラムですが、UiPathで大事なことを学ぶことができますので、繰り返しやってみましょう。

▌下準備
・Internet Explorerでe-Taxのログイン画面にアクセスし、利用環境の警告が出ないかを確認しましょう。
画面の指示どおり事前準備セットアップをすれば警告が出なくなります。
・有効な法人の利用者識別番号を準備しましょう。

▌流れ
ブラウザーでe-Taxのログイン画面にアクセス
↓
Excelから利用者識別番号と暗証番号を読み取る

↓
ブラウザーに入力
↓
サイトにログイン
という流れをつくります。

ただし、まずは、
ブラウザーでe-Taxのログイン画面にアクセス
↓
利用者識別番号と暗証番号を入力
↓
サイトにログイン
というものをつくり、うまく動くようになってからExcelから読み取る部分をつくります。
プログラミングは小さく試すのが鉄則です。

ブラウザーでe-Taxのログイン画面にアクセスする部分は、P70からP78（レコーディングする方法）を参照して、つくってみましょう。

利用者識別番号の入力

次に利用者識別番号を入力するところからつくっていきましょう。
事例では、サンプルで取得した法人の利用者識別番号と暗証番号を使います（実際には使えないものです）。
なお、個人の利用者識別番号の場合はプログラムが若干変わります。

いったんブラウザーを完全に終了してから先ほどつくった部分のUiPathを動かしてみてください。e-Taxのログイン画面が開きます。

■ 画面1　e-Taxのログイン画面

国税電子申告・納税システム（e-Tax）

ログインすることによって、メッセージボックスや還付金の処理状況などが確認できます。

受付システム　ログイン

▍マイナンバーカードをお持ちの場合

ICカードリーダライタを準備し、「マイナンバーカードの読み取りへ」ボタンを押してください。

マイナンバーカードの読み取りへ

▍利用者識別番号・暗証番号をお持ちの場合

利用者識別番号と暗証番号を入力し、「ログイン」ボタンを押してください。

利用者識別番号と暗証番号とは

利用者識別番号　□□□□

暗証番号　□

☐ 暗証番号を表示する

ログイン　クリア

次は利用者識別番号、暗証番号を入れてログインします。

UiPathでレコーディング→ウェブで、ウェブレコーディングのボックスを出しましょう（**画面2**）。

今度はレコーディングというボタンをクリックします。

■ **画面2　ウェブレコーディング**

クリック

　先ほどの［ブラウザーを開く］は単独の操作を記録するものです。

　［レコーディング］は、ボタンをクリックした以降の操作を連続して記録できます。

　e-Taxのログイン画面では、16桁の利用者識別番号を4桁ずつ4つに分けて入力するものです（**画面3**）。

　［レコーディング］をクリックしてレコーディング状態にしてから、まずは一番左のボックスをクリックしましょう。

　次のような「入力値を入力してください」というボックスが表示されるので、そのボックス内に数字を半角で入れてEnterキーを押します。

■ **画面3　利用者識別番号の1番目を入力**

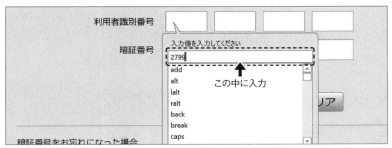

第3章 RPAの使い方

ここに入れないとUiPathは認識してくれません。

左から2番目も同様にクリックして「入力値を入力してください」ボックスを表示してから入力します（**画面4**）。

■ **画面4　利用者識別番号の2番目を入力**

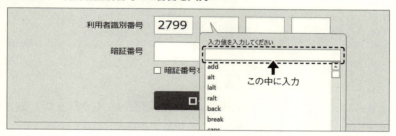

利用者識別番号の3番目、4番目を入れ、暗証番号を同様に入力していきます（**画面5**）。

■ **画面5　利用者識別番号の3番目、4番目の入力**

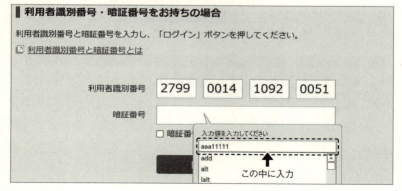

最後にログインボタンをクリックしましょう（**画面6**）。

■ **画面6　ログインをクリック**

これでe-Taxにログインできます。

さらにメッセージボックス一覧の［確認画面へ］をクリックする操作を記録しましょう（**画面7**）。

■ **画面7　e-Taxのメインメニュー画面**

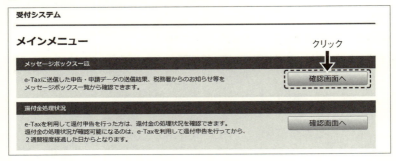

［確認画面へ］を押すとメッセージボックスの一覧が開きます（**画面8**）。

第3章 RPAの使い方

■ **画面8　e-Taxのメッセージボックス一覧**

レコーディングを終了し（ESC）、保存＆終了（ESC→Enter）します。

ここでUiPathのレコーディング結果を確認してみると、次のようなプログラムになっています。

利用者識別番号（1番目）の入力については次のとおりです（**画面9**）。

■ **画面9　UiPathのレコーディング結果**

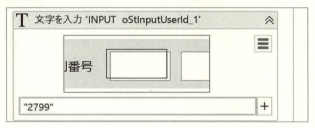

暗証番号の入力からログイン確認までは次のとおりです（**画面10**）。

103

■ **画面10　UiPathのレコーディング結果**

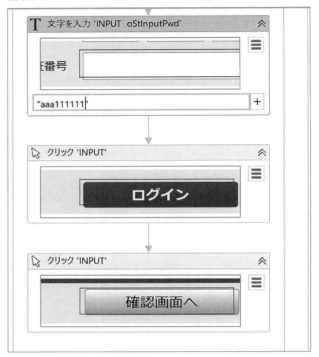

　さらにメッセージボックスの一覧から一番上のものを表示するプログラムをつくってみます。

　ウェブレコーディングで、メッセージボックス一覧の一番上のデータをクリックします（**画面11**）。

第3章 RPAの使い方

■ 画面11　e-Taxのメッセージボックス一覧

メッセージボックスの中の受信メッセージが表示されます（**画面12**）。

■ 画面12　e-Taxのメッセージボックスのメール詳細の例

レコーディングを終了し（ESC）、保存＆終了（ESC→Enter）し

105

ます。

　ひとまずは、ここでプログラムは完成です。

　ファイルを実行してみましょう。

Excelから読み込む

　今つくったプログラムは、利用者識別番号とパスワードをUiPath内に直接入れていました。

　これらをExcelのデータから読み込めるように変えてみましょう。

　Excelのデータから読み込むことは、より効率的で、実際に使う場面が多いテクニックです。

　まず次のようなExcelファイルを準備します（**画面13**）。

■ **画面13　Excelファイル（利用者識別番号と暗証番号）**

	A	B	C	D	E	F	G
1	コード	名称	ID1	ID2	ID3	ID4	PW
2	1	ITコンサルティング	2799	0014	1092	0051	aaa11111
3							
4							

　必要なのは利用者識別番号と暗証番号です。

　ただし16桁の利用者識別番号は4桁ずつにわけていなければいけません。

　メッセージボックスにログインする場合の入力が、4桁ずつ、4か所だからです。

　ID1、ID2、ID3、ID4とExcelに入れます。

　また4桁ずつの利用者識別番号は0から始まることも多いので、

第3章 RPAの使い方

Excelでセルの書式設定を文字列に変えておきましょう（**画面14**）。

■ **画面14　Excelで書式を設定（0付きの数字を表示）**

　UiPathに読み込むExcelデータの形式は次のようなルールに沿っていなければいけません。
・1行目に見出しがついていること
・その見出しは固有のものであること、他の見出しと一緒のものがないこと

　Excelのどの列にあるかは、自由です。
　どの列にあっても見出しで指定すれば、UiPathは読み取ってくれます。
　会社コードと会社名はUiPathで利用者識別番号と暗証番号を読み込む上では必要ないのですが、データを見たときにわかりやすいよう

に今回は入れました。

　シート名はここではSheet1とExcelの標準設定のままにしてあります。

　UiPathでは、シート名で指定して読み込みますので、シート名を変えたときはプログラムを変更しなければいけません。

　UiPathで読み込むことを考えると、Sheet1のままのほうがプログラムをつくりやすくなります。

　ファイル名は「メッセージボックスExcel」としています。

　ファイルの場所はDropboxのフォルダの中です。

　UiPathでファイルの場所、ファイル名を使って読み込みますので、ご自身のパソコンのわかりやすい場所に保存しましょう。

　これで準備完了です。

　UiPathでExcelを読み込むには、［Excelアプリケーションスコープ］アクティビティを使います。

　このアクティビティはExcelから直接データを読み込みますので、Excelファイルが開いていても閉じていても関係ありません。

　まず、［Excelアプリケーションスコープ］を中央のデザイナーパネルに入れていきます。

　入れる場所は先ほどつくったプログラムの一番上です。

　Excelからデータを読み込み、その読み込んだデータをブラウザーに入力していくという順番ですので上に置きます。

　プログラムは上から順番に実行されるというルールに沿ったものです。

第3章 RPAの使い方

[Excelアプリケーションスコープ] アクティビティでアイコンをクリックしてファイルを選択します（**画面15**）。

先ほど保存した「メッセージボックスExcel」を選びましょう。

■ **画面15　[Excelアプリケーションスコープ] アクティビティでファイルを選択**

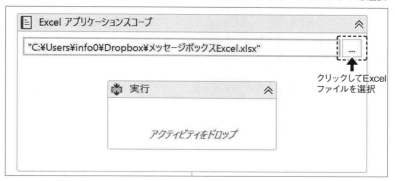

ファイルを指定できましたので次にデータを読み込みます。

Excelファイルからデータを読み込むには [範囲を読み込み] アクティビティを使います。

中央のデザイナーパネルにドラッグしましょう（**画面16**）。

■ **画面16　[範囲を読み込み] アクティビティでデータを読み込む**

［範囲を読み込み］アクティビティを見てみると、"Sheet1"と""が入っています。

"Sheet1"が入っているところはシート名、""が入っているところは、セルの範囲を指定する部分です。

このままにしておけばExcelファイルのSheet1というシートのすべてのデータを読み込んでくれます。

だからこそ、Excelのシート名をSheet1のままにしておいたほうが楽なのです。

セル範囲を指定してしまうとデータを編集した場合にプログラムも変えなければいけなくなります。

データすべてを読み込むようにしておけば、列を増やしても行を増やしても問題ありません。

▌繰り返し処理

UiPathで読み込むデータは、Excelの1行目の見出しで指定できます。

このときに使うのが繰り返し処理です。

今回の場合は、繰り返さず、1つのデータを読み込むのですが、繰り返し処理にしておけば今後データを増やした場合にも対応できます。

厳密にはデータが1つの場合と繰り返し処理をする場合で、使うアクティビティを変えることもできるのですが、今後データが増えることも考えて、データが1つの場合でも繰り返し処理をするパターンでやっておくのがおすすめです。

第3章　RPAの使い方

　UiPathで繰り返し処理は、[繰り返し（各行）] アクティビティを使います。

　中央のデザイナーパネルにドラッグしましょう（**画面17**）。

■ **画面17**　[繰り返し（各行）] アクティビティをドラッグ

　繰り返し（各行）アクティビティでエラーのアイコンが出ているとおり、[コレクション] に何かを入れなければいけません。

　最初から入っている「要素：row」というのは行という意味ですので、行単位で繰り返すということを意味しています。

　[コレクション] はどのデータで繰り返すかというものを指定するものです。

　繰り返すデータは先ほどExcelから [範囲を読み込み] アクティビティで読み込んだ範囲です。

　しかしながらUiPathに、その読み込んだ範囲で繰り返してほしいということを伝えることが通常の方法ではできません。

　そのため読み込んだ範囲に名前をつけます。

　例えば、テーブルの上にミネラルウォーターとクッキーとチョコが

あり、ミネラルウォーターをとってもらいたいときに「それを取って」といってもわからないはずです。

「ミネラルウォーターをとって」とちゃんと名前で指定しなければわかりません。

プログラムでもきちんと名前をつけて伝えなければいけません。

この名前のことを「変数」といいます（変数については、P57でも解説しています）。

事例では、読み込んだ範囲に名前（変数）をつけ、その中で繰り返してほしいと伝えます。

変数は、先ほどの［範囲を読み込み］アクティビティをクリックし右側に表示されるプロパティパネルで設定します（**画面18**）。

■ **画面18 ［範囲を読み込み］アクティビティのプロパティを設定**

変数を入力

プロパティの［出力］の［データテーブル］に入力していきましょう。

112

第3章　RPAの使い方

しかしいきなり入力したとしてもこれが変数であるかどうかというのはUiPathにわかりません。

そこで変数を設定しながら入力をしていきます。

データテーブルの右のボックスにカーソルを置きCtrl+Kを押してみてください（**画面19**）。

■ **画面19　Ctrl+Kで変数を設定**

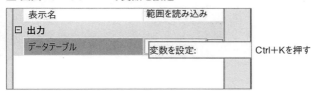

［変数を設定］という表示が出て、変数を設定しながら入力することができます。

ここではexcelとつけてみましょう（**画面20**）。

■ **画面20　excelという変数を入力**

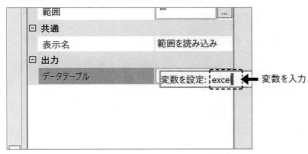

この変数を確認します。

中央のデザイナーパネル下の変数をクリックしてみてください（**画**

113

面21)。

■ 画面21　変数パネルの起動

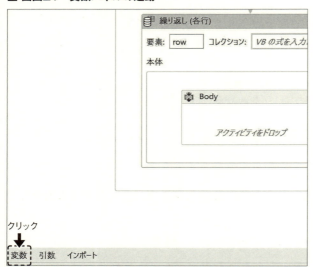

　変数パネルで先ほど指定したexcelという変数が表示されます。

　ここで注意したいのはスコープです。

　スコープとはその変数が影響する範囲をいいます。

　今は［実行］というところがスコープであり、［実行］というのは［範囲を読み込み］アクティビティだけが入っているところです。

　しかしながら実際はブラウザーを開いて利用者識別番号を入れる部分にもこの変数を使わなければいけません。

　そこで、このスコープを全体に変更しておきましょう。

　スコープの［実行］をクリックして「シーケンス」を選択すると全体に影響が及ぶようになります（**画面22**）。

第3章 RPAの使い方

■ 画面22 変数パネル

UiPathでは変数を設定したら、必ずこのスコープを変更して全体にしておきましょう。

スコープ欄をクリックして一番下のものを選んでおけば、まず問題ありません。

中央のデザイナーパネル下の［変数］を再度クリックして、変数パネルをいったん閉じておきましょう。

［繰り返し（各行）］に戻って、コレクションに変数を入れていきます。

変数を設定していれば、その頭文字（この場合はexcelなのでe）を入れれば自動表示してくれますので、正しい変数を入れているかどうかの確認にもなります（**画面23**）。

■ 画面23 コレクションの入力

これで繰り返し部分のエラーが消えました（**画面24**）。

■ **画面24　コレクションにexcelを入力した画面**

［繰り返し（各行）］はその中にある処理を繰り返しますので、先ほどつくったプログラムをすべてこの中に入れていきます。

［すべて折りたたみ］をクリックし、プログラムをいったん整理しましょう（**画面25**）。

■ **画面25　プログラムの折りたたみ**

・Excelを読み込むところ＝［Excelアプリケーションスコープ］
・繰り返し＝［繰り返し（各行）］
・ブラウザーを操作する部分＝［ウェブ］
とわかれています（**画面26**）。

第3章　RPAの使い方

■ **画面26　折りたたみ後のプログラム**

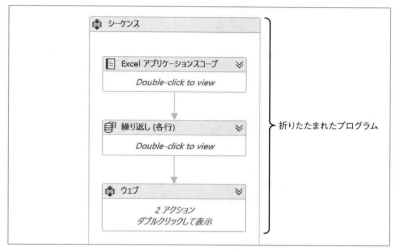

このブラウザーを操作する部分=[ウェブ]の部分を、[繰り返し(各行)]の中に入れるわけです。

[繰り返し(各行)]のアイコンをクリックし、さらにBodyの右のアイコンをクリックしてここに「アクティビティをドロップ」という表示が出ているかどうか確認しましょう(**画面27**)。

「Double-click to view」や「ダブルクリックして表示」という表示は、プログラムが完全に開ききってないという証拠です。

ドラッグしてもプログラムを入れることはできません。

■ **画面27　[ウェブ]を[繰り返し(各行)]へ**

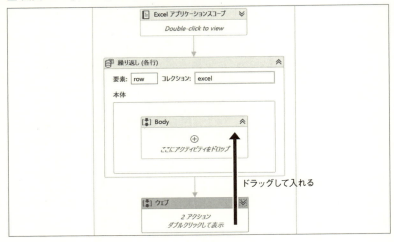

　この状態にしてから[ウェブ]をまるごとドラッグすると、[繰り返し(各行)]のBodyの中に[ウェブ]がすべて入ります。

　これで[ウェブ]にある処理を繰り返してくれるわけです。

　今度は[すべて展開]をクリックしてみてください(**画面28**)。

■ **画面28　プログラムの展開**

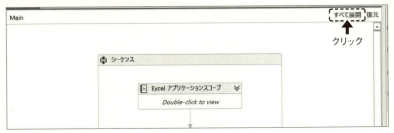

第3章　RPAの使い方

　Excelのデータから利用者識別番号を読み込む部分を表示してみましょう。

　今は2799というダミーのデータが入っています（**画面29**）。

■ **画面29　[文字を入力] アクティビティ**

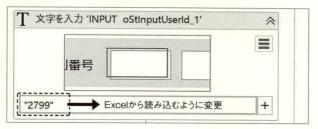

　この部分をExcelから読み込みますので何かしら書き換えなければいけません。

　このままだと2799がずっと入力されます。

　利用者識別番号の1つ目の欄のデータ（2799）をいったん消しましょう。

　行でデータを指定しますので、英語で行という意味のrowを入れます。

　このrowもrを入れると自動的に出てきますので利用しましょう（**画面30**）。

■ 画面30 ［文字を入力］アクティビティにrを入力

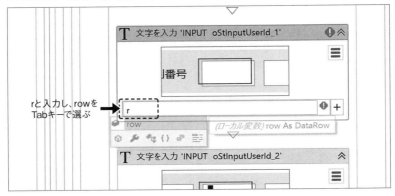

候補が出てきたらTabキーを押すと入力できます（**画面31**）。

■ 画面31 ［文字を入力］アクティビティにrowを入力

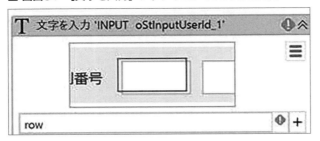

rowの後には（""）の中にExcelの見出しを入れていきます。

1つ目の利用者識別番号はID1という見出しですので、

row("ID1")

と入れます（**画面32**）。

■ 画面32 読み込むExcelの見出しで指定

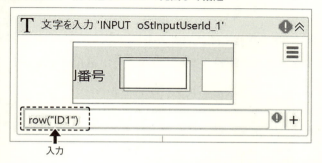

入力

ダブルコーテーションは1つ入れると、もう1つも自動的に出てきますので、その間にID1を入れるようにしましょう。

ただ、これでもエラーが出てしまいます。

エラーのアイコンにカーソルをあてるとエラーの詳細が出てきますので、見てみましょう（**画面33**）。

■ 画面33 エラー画面

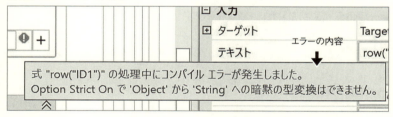

要約すると「Stringへの変換ができない」と書いてあります。

Stringというのは文字列です。

「Excelデータから取り出したものが文字列に変換できない」という意味ですので、row("ID1")を文字列に変換します。

文字列に変換するプログラムは.ToStringです（UiPathではVB.NET

というプログラミング言語を使います)。

　row("ID1")

のあとに、ピリオドを入れてtを入れてみましょう。

　正しく入力できていれば候補が表示されますので選んで確定しましょう（**画面34**）。

■ **画面34　[文字を入力] アクティビティに.ToStringを入力**

　これでエラーが消えました。Excelの見出しID1の列から読み込んだデータがここに入力されるはずです（**画面35**）。

■ **画面35　[文字を入力] アクティビティ**

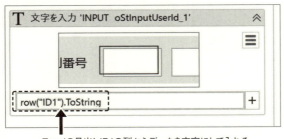

Excelの見出しID1の列からデータを文字にして入れる

　同様にして利用者識別番号の残りの3つとパスワードも入れていきましょう。

第3章　RPAの使い方

　rowの後のかっこ内には、Excelの見出しと完全に一致しているものを入れなければいけません。

　見出しの大文字が小文字になったり、全角が半角になったりすると同じものと認識しません。

　2つ目以降を入力するプログラムをつくるときは1つ目の利用者識別番号のプログラムをコピーしていくと楽でミスも減ります（**画面36**）。

■ **画面36　[文字を入力]の編集**

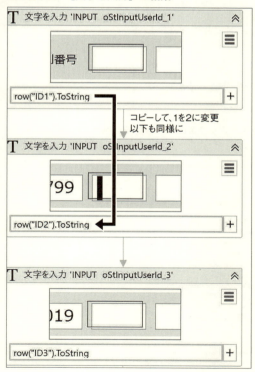

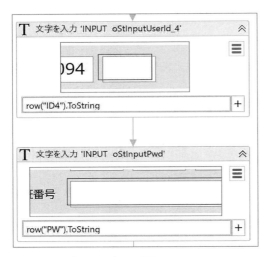

これでプログラムを実行してみましょう。

e-Taxにログインできれば成功です。

■ 画面37　e-Taxのメッセージボックスのメール詳細の例

第3章 RPAの使い方

エラーが出ているところがあれば見直して、再度実行してみましょう。

主なエラーのパターンは次のとおりです。

・ダブルコーテーション、かっこが抜けている
・.ToStringが抜けている
・Excelの見出し名と異なっている
・Excelに、同じ見出し名が複数ある
・[文字を入力] アクティビティへの入力が正しくない、重複している
　→プロパティパネルで、テキスト欄の右にあるアイコン「…」をクリックすれば、入力画面を大きくできるので確認してみましょう。

■ 画面38　プロパティパネルで文字の入力画面を大きくする

注意すべきなのは、Excelのデータを変更したら必ず上書き保存（Ctrl＋S）をするということです。
　UiPathの［Excelアプリケーションスコープ］アクティビティは保存しているExcelファイルにアクセスします。

　Excelからデータを読み込むことができれば、既存のデータをUiPathで使うことができますし、Excelにあるデータを繰り返し処理することもできます。

■ 応用
　上記の例の応用として、メッセージボックスの一覧から特定のものを読み込んだり、すべてのものを読み込んだりすることもできます。
　メッセージボックスの中身をPDFファイルやテキストファイルで保存することも可能です。

　また同じようなしくみでネットバンクにログインということもできます。
　ネットバンクへログインするIDやパスワードをUiPathの中に入れておき、実行すればログインできるというものです。
　さらにはExcelで振込データを準備しておけばネットバンクから振込をすることもできます。

7　UiPathの事例　弥生会計からエクスポート

　会計ソフトからデータをエクスポート（弥生会計からExcelへデー

タを移行）してExcelで加工すれば、効果的な資料を効率的につくることができます。

この会計ソフトからのエクスポートも、RPAで自動化できることです。

ここでは弥生会計の推移表を例に挙げました。

推移表をエクスポートすれば、それを元にExcelで見やすい表やグラフをつくったり決算予測をつくったりすることができます。

下準備

RPAでどの工程から自動化するかというのも大事です。

完全に自動化すると楽ではありますが、その分プログラムが複雑になりますので、ちょうどいいところを狙いましょう。

今回の場合は、弥生会計を開くというところのみを自動化しています。

弥生会計を開いてファイルを選ぶということはやっていません。

弥生会計を起動したときは、その前に起動していたときに使っていたファイルが開きます。

そのためエクスポートしたいファイルを弥生会計で開いていったん閉じ、UiPathのプログラムを動かしましょう。

全体の流れ

全体の流れは次のとおりです。

①弥生会計からエクスポートする
　弥生会計で推移表を表示して、エクスポートします。

↓

②CSVファイルを読み込み

①でエクスポートしたCSVファイルを読み込みます。

↓

③Excelファイルに書き込み

②で読み込んだCSVファイルをExcelに書き込みます。

①弥生会計からエクスポートする

UiPathで新しいファイルを開いて、名前を付けて [作成] をクリックします。

ここでは、プロジェクト名を「弥生エクスポートサンプル」とつけました (**画面1**)。

UiPathが起動したら中央やや下の [メインワークフローを開く] をクリックしておきましょう。

■ 画面1 UiPathでファイルの作成

第3章 RPAの使い方

弥生会計を開くところをUiPathのレコーディングでつくっていきます。
レコーディングするために弥生会計を開いてみてください (**画面2**)。

■ 画面2 弥生会計

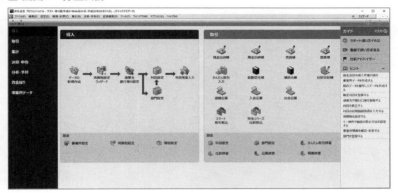

UiPathのレコーディング→デスクトップを選びます (**画面3**)。
弥生会計はデスクトップアプリなので、デスクトップレコーディングです。

■ **画面3　UiPathでレコーディング**

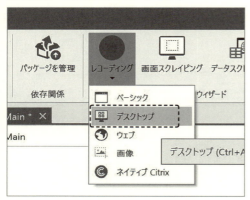

　デスクトップレコーディングボックスの［アプリを開始］を選びます（**画面4**）。

■ **画面4　UiPathでレコーディング**

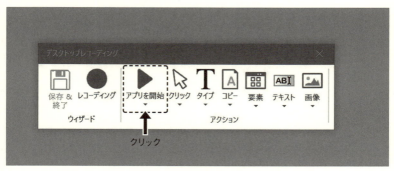

　その後、弥生会計の任意の場所をクリックすると、次のような表示が出ますのでOKをクリックします（**画面5**）。

第3章　RPAの使い方

■ **画面5　UiPathでレコーディング**

　弥生会計自体があるパソコン内の場所をこれで読み取ってくれるのです。

　事例では、弥生会計19を使っていますので、その場所を指定しています。

　弥生会計をバージョンアップしたら、この操作を再度行い、設定し直すことを忘れないようにしましょう。

　保存&終了（ESC→Enter）で、UiPathには次のように記録されていることが確認できます（**画面6**）。

■ **画面6　UiPathのレコーディング結果**

さらに［弥生会計を開く］の右側のアイコンをクリックし、［セレクターを編集］をクリックしてみてください（**画面7**）。

セレクターとは、UiPathで選択したもの（この場合、弥生会計というソフト）をより詳細に設定できる機能です。

■ **画面7　UiPathでセレクターを編集**

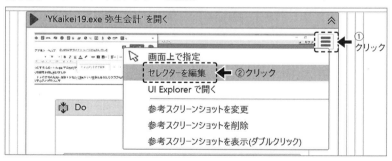

次のようなボックスが出てきますので［title］のチェックを外します（**画面8**）。

■ 画面8 UiPathでセレクターを編集

　この処理をやる理由は、UiPathが弥生会計のファイル名（弥生トレーディング・第35期）までレコーディングで記録しているからです。

　このままでは、他のファイル（会社、年度が違うもの）で処理をしようとした場合、エラーが出てしまいます。

　そこでファイル名、つまりタイトル（title）のチェックを外して、そこは考えなくていいように処理をします。

　税務ソフト・会計ソフトはこのようにファイル名まで記録してしまうことが多いので覚えておきましょう。

次に、弥生会計で推移表を表示するところをつくります。

実は弥生会計はUiPathにはあまり適していません。

例えば、デスクトップレコーディングで操作を記録しようとすると、このような「アンカーを使いますか？」という表示が出ます（**画面9**）。

■ **画面9　UiPathがボタンやメニューを認識しにくいときの表示**

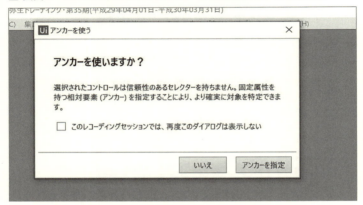

この表示は、UiPathがそれぞれのボタンやメニューを認識しにくいときに出てくるものです。

弥生会計の場合はこれを無視してそのまま続ければ記録できないことはありませんが、より確実に操作をするために、ここではアクセスキーを使いましょう。

アクセスキーとはExcelにもある操作で、Altキーを押しながらアルファベットのキーを押すとソフトのメニューの操作ができるものです。

例えば弥生会計の場合、メニューにはファイル、編集、設定…と

あり、それぞれF、E、S…とアルファベットが振られています（**画面10**）。

■ **画面10　弥生会計のメニュー**

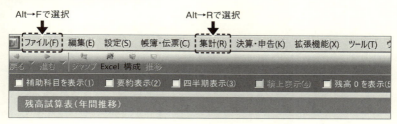

キーだけで、それぞれのメニューを操作できるのです。

これをUiPathで使います。

そのほうが確実に操作できるからです。

推移表のアクセスキーはAlt→R→S→Y（Alt、R、S、Yと1つずつ押す）ですので、この部分をUiPathでつくっていきましょう。

キー操作はUiPathのアクティビティを使います。

［ホットキーを押下］というキー操作を指示するアクティビティもあるのですが、よりかんたんに指定できる［文字を入力］アクティビティがおすすめです。

UiPath左側のアクティビティパネルで「入力」と検索して［文字を入力］アクティビティを見つけ中央のデザイナーパネルにドラッグしましょう（**画面11**）。

■ **画面11　UiPathで[文字を入力]アクティビティを使う**

　[文字を入力]アクティビティの右にある+のアイコンをクリックします。

　そうするとAlt、Ctrlなどの特殊キーを入力できるようになりますので、Alt（UiPathでの表記はalt）を選択しましょう（**画面12**）。

■ **画面12　[文字を入力]アクティビティでAltキーを入力**

　次のように入力されます（**画面13**）。

第3章 RPAの使い方

■ 画面13 [文字を入力] アクティビティでAltを入力

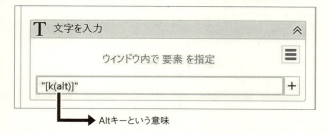

これがAltキーを入力するというプログラムです。

さらに続きのrsyを設定していきます。

このときに「ダブルコーテーションで文字は囲む」というルールを忘れないようにしましょう。

]と"の間に「rsy」と入れていきます（**画面14**）。

■ 画面14 [文字を入力] アクティビティでAlt→R→S→Yを入力

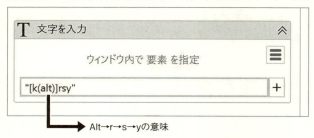

ここで弥生会計が終了していることを確認して（弥生会計を起動するところからプログラムをつくっていますので終了させなければいけません）、プログラムを動かしてみましょう。

このように弥生会計の推移表が表示されればOKです（**画面15**）。

■ 画面15 弥生会計の推移表（Alt→R→S→Y）

次にエクスポート部分をつくっていきましょう。

エクスポートのアクセスキーは推移表の画面でAlt→F→Eです。

推移表を表示したのと同様に［文字を入力］アクティビティでつくっていきましょう。

推移表の表示でつくった［文字を入力］アクティビティをCtrl＋Cでコピーしてすぐ下にCtrl＋Vで貼り付けると楽です。「rsy」を「fe」に修正します（**画面16**）。

■ 画面16 ［文字を入力］アクティビティでAlt→F→Eを入力

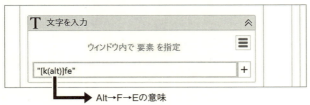

Alt→F→Eの意味

弥生会計が終了していることを確認してプログラムを実行してみましょう。

138

第3章 RPAの使い方

次のようなエクスポートの画面になれば成功です（**画面17**）。

■ **画面17　弥生会計のエクスポートの画面**

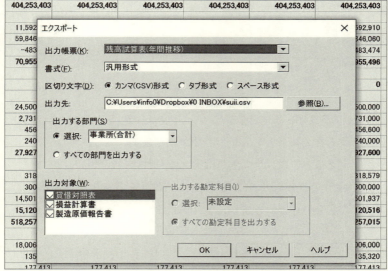

もしうまくいかない場合はエクスポートの［文字を入力］のアクティビティの前に［待機］アクティビティを入れてクリックし、プロパティパネルで待機時間を1秒（00:00:01）に設定してみましょう（**画面18**）。

このほうが安定して動きます。

■ 画面18　[待機] アクティビティ

また、エクスポートするCSVファイル名は一定にしておいたほうが、プログラムをメンテナンスする手間が減ります。

毎回変えるとプログラムも毎回変えなければいけません。

弥生会計で、参照ボタンを押して、出力先のフォルダを指定し、ファイル名を付けておきましょう（**画面19**）。

第3章　RPAの使い方

■ 画面19　弥生会計で出力先のフォルダを指定

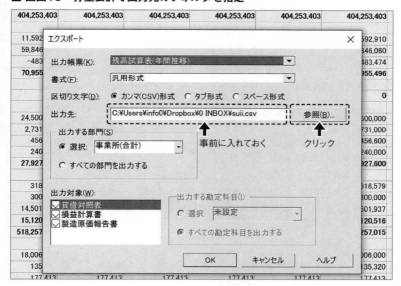

　一度指定すると弥生会計を再起動しても他のファイルを使ったとしても、同じファイル名でエクスポートできます。

　ここではsuii.csvとしました。

　CSVファイルにしたほうが扱いやすいので「○○.csv」というファイル名にしましょう。

　この状態からUiPathで続きをつくっていきます。

　ここから使うのはデスクトップレコーディングです。

　UiPathでレコーディング→デスクトップを押し、デスクトップレコーディングボックスで［レコーディング］を押し、記録を始めま

しょう。

エクスポート画面でOKボタンを押し（**画面20**）、「エクスポートは正常に終了しました」のボックスでOKボタンを押します（**画面21**）。

■ **画面20　OKボタンのクリックをレコーディング**

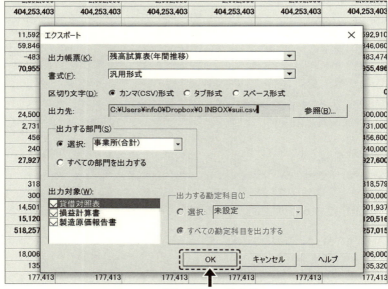

クリックをレコーディング

第3章 RPAの使い方

■ 画面21　OKボタンのクリックをレコーディング

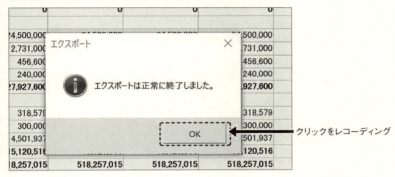

← クリックをレコーディング

記録したプログラムは次のとおりです。

エクスポート画面でのOK（**画面22**）。

■ 画面22　UiPathのレコーディング結果

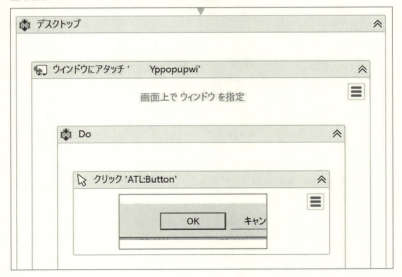

「エクスポートは正常に終了しました」の画面でのOK（**画面23**）。

■ 画面23　UiPathのレコーディング結果

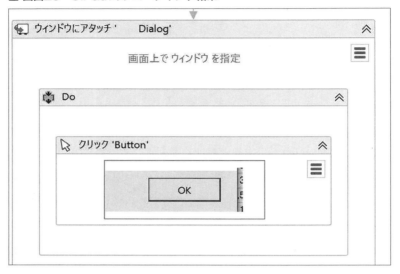

プログラムを動かし、指定したフォルダにCSVファイルがエクスポートされていれば完成です（**画面24**）。

第3章　RPAの使い方

■ 画面24　エクスポートされたCSVファイル

	A	B	C	D	E	F	G	H	I	J	K	L	M
1	帳票名	残高試算表(年間推移)											
2	書式名	汎用形式											
3	事業所名	株式会社　弥生トレーディング											
4	処理日時	#######	19:37:23										
5	集計期間	#######	#######	決算仕訳を含む									
6	税抜／税込	税込											
7	[表題行]	集計部門	分類	勘定科目	4月度	5月度	6月度	7月度	8月度	9月度	上半期残高	10月度	11月度
8	[区分行]	事業所(合計)[貸借対照]現金・預金]											
9	[明細行]	事業所(合計)[貸借対照]現金			1.02E+08	1.02E+08	1.02E+08	1.02E+08	1.02E+08	1.02E+08	1.02E+08	1.02E+08	1.02E+08
10	[明細行]	事業所(合計)[貸借対照]当座預金			2.31E+08	2.31E+08	2.31E+08	2.31E+08	2.31E+08	2.31E+08	2.31E+08	2.31E+08	2.31E+08
11	[明細行]	事業所(合計)[貸借対照]普通預金			69040903	69040903	69040903	69040903	69040903	69040903	69040903	69040903	69040903
12	[明細行]	事業所(合計)[貸借対照]定期預金			2092000	2092000	2092000	2092000	2092000	2092000	2092000	2092000	2092000
13	[合計行]	事業所(合計)[貸借対照]現金・預金			4.04E+08	4.04E+08	4.04E+08	4.04E+08	4.04E+08	4.04E+08	4.04E+08	4.04E+08	4.04E+08
14	[区分行]	事業所(合計)[貸借対照]売上債権]											
15	[明細行]	事業所(合計)[貸借対照]受取手形			11592910	11592910	11592910	11592910	11592910	11592910	11592910	11592910	11592910
16	[明細行]	事業所(合計)[貸借対照]売掛金			59846060	59846060	59846060	59846060	59846060	59846060	59846060	59846060	59846060

しかしながらプログラムを再度実行すると次のような**警告**が出ます（**画面25**）。

■ 画面25　すでにファイルがある場合の警告

プログラムを実行し、すでにsuii.csvがあるので、同じsuii.csvをつくろうとすると、上書きしてもいいかどうかを聞いてくるわけです。

繰り返しエクスポートする場合もありますので、この問題を何とか解決しなければいけません。

毎回手動でファイルを削除する方法や、UiPathで条件によって処

理を分ける方法もありますが、ここではUiPathの［削除］アクティビティを使います。

入れる場所はプログラムの冒頭です（**画面26**）。

■ **画面26　［削除］アクティビティをドラッグ**

［削除］アクティビティをクリックし、右側のプロパティパネルで［パス］に出力するCSVファイルのパス（C:○○○\suii.csv）を入れます（**画面27**）。

入力すると手間がかかるので、次ページで解説するとおり他の部分からコピーして貼り付けましょう。

■ **画面27　［削除］アクティビティのプロパティを設定**

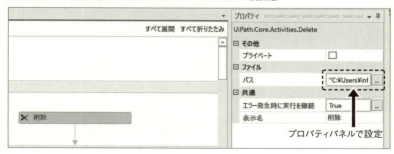

第3章 RPAの使い方

　他の部分からコピーして貼り付けるには、エクスプローラー（Windows＋E）を表示してCSVファイルを選択し、リボンの［パスのコピー］をクリックしてUiPathに貼り付けます（**画面28**）。

■ **画面28　エクスプローラー**

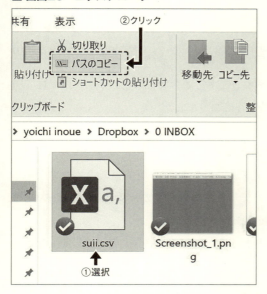

　次にプロパティパネルの［エラー発生時に実行を継続］に、Trueを入れます（バージョンによってはチェックボックスをクリックしてTrueにする）（**画面29**）。
　これはsuii.csvがあるときは削除し、ないときはエラーになっても無視して次に進むという意味です。

■ **画面29 [削除] アクティビティのプロパティを設定**

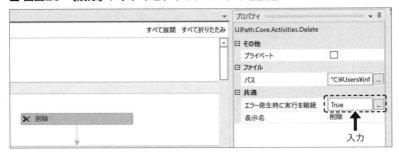

　これでCSVファイルがすでにあってもなくてもエラーが出ずに、確実にエクスポートできるようになりました。

②CSVファイルを読み込み

　①でエクスポートしたCSVファイルをいったん読み込みます。

　CSV関係のアクティビティもあるのですが、弥生会計のCSV形式だと不規則な形式なのでうまくいきません。

　ここでは [Excelアプリケーションスコープ] アクティビティを使ってCSVファイルを読み込みます。

　[Excelアプリケーションスコープ] アクティビティを中央のデザイナーパネルにドラッグしてファイル名を貼り付けましょう（**画面30**）。

第3章 RPAの使い方

■ 画面30　UiPathの［Excelアプリケーションスコープ］アクティビティ

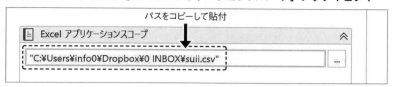

CSVファイルは参照（選択）することができませんので、エクスプローラーからパスのコピーで貼り付けます（**画面31**）。

（①でCSVファイルができているはずです）

■ 画面31　エクスプローラー

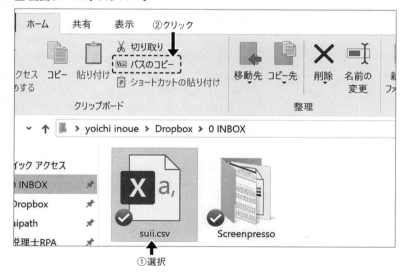

次に［範囲を読み込み］アクティビティをデザイナーパネルへドラッグします。

CSVファイルは、シート名がファイル名と同じものになりますので、

149

シート名として、ファイル名のsuiiを入れましょう（[範囲を読み込み]アクティビティに入れてもプロパティに入れてもかまいません）。

シートのすべてのデータを読み込むので［範囲］は""です（**画面32**）。

■ **画面32　［範囲を読み込み］アクティビティの設定**

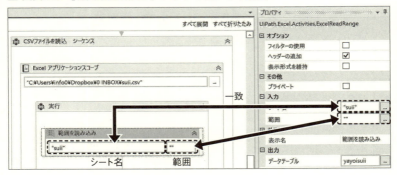

さらにはプロパティパネルの出力の［データテーブル］で変数を設定しながら（Ctrl＋Kを押す）、yayoisuiiと入れましょう（**画面33**）。

変数名は任意です。

第3章 RPAの使い方

■ 画面33 [範囲を読み込み]アクティビティのプロパティの設定

Ctrl+Kの後に入力

さらにはデザイナーパネルの左下にある「変数」をクリックしyayoisuiiのスコープを全体、シーケンスにしておきましょう（**画面34**）。

次のステップでもこの変数を使うからです。

■ 画面34 変数パネル

弥生会計からエクスポートした推移表データには、上半期残高という不要な列がありますのでここで処理しておきます（**画面35**）。

この上半期残高の列は10列目ですので（A列は見出しと見なされ、カウントしません）その指定をしなければいけません。

151

■ **画面35　弥生会計からエクスポートしたCSVファイル**

[データ列を削除] アクティビティをドラッグして、プロパティパネルのデータテーブルをyayoisuii、列インデックスを10にします（**画面36**）。

これで10列目が削除されます。

■ **画面36　[列を削除] アクティビティのプロパティの設定**

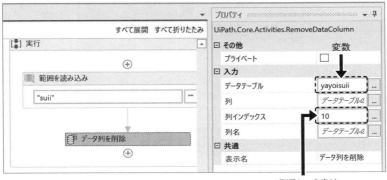

③Excelファイルに書き込み

②で読み込んだCSVファイルをExcelファイルに書き込みます。

書き込むExcelファイルを準備しましょう。

実際は、お客様別のExcelファイルをここで指定します。

ここでは「書き込み用Excel」というファイルを準備しました。

[Excelアプリケーションスコープ] アクティビティでファイルを指定します（**画面37**）。

■ 画面37　[Excelアプリケーションスコープ] アクティビティで指定

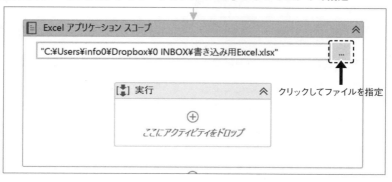

次に [範囲に書き込み] アクティビティで、シート名はファイルに合わせて入力し（ここではSheet1にしています）、セル範囲はA1、書き込むものはyayoisuiiと指定しましょう（**画面38**）。

■ **画面38 [範囲に書き込み] アクティビティの設定**

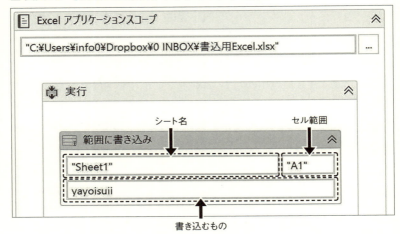

なお書き込み用のExcelは開いていても閉じていても、データを書き込んでくれます。

弥生会計をいったん閉じ、プログラムを実行して、推移表データがExcelに書き込まれているかどうか確認してみましょう（**画面39**）。

第3章 RPAの使い方

■ 画面39　書き込み用Excel

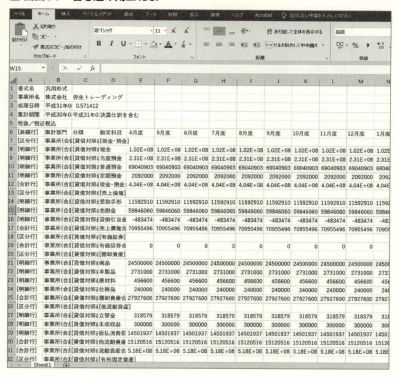

あらかじめこの推移表をVLOOKUP関数で連動して次ページのように（**画面40**）、Excelで資料をつくっておけば、弥生会計をチェックしてUiPathを動かすことで、資料作りの効率が上がります。

■ 画面40　Excelで加工した結果

	A	B	C	D	E	F	G
1		2018年4月	2018年5月	2018年6月	2018年7月	2018年8月	2018年9月
2	売上高	22,358,301	27,824,433	23,009,312	24,430,937	25,340,101	28,682,224
3	売上原価	15,409,942	13,324,623	15,536,594	18,067,133	9,594,356	10,604,136
4	売上総損益金額	6,948,359	14,499,810	7,472,718	6,363,804	15,745,745	18,078,088
5	給料手当	1,010,800	1,078,800	1,076,600	1,076,600	1,067,100	1,056,600
6	賞与	0	0	0	3,245,000	0	0
7	法定福利費	0	430,864	215,432	215,432	243,512	243,512
8	福利厚生費	3,889	2,297	10,475	0	111,046	5,144
9	荷造運賃	331,482	329,630	360,649	371,297	389,815	482,871
10	広告宣伝費	0	0	1,295,371	0	0	0
11	交際費	70,630	92,593	85,556	44,445	50,926	0
12	旅費交通費	122,631	128,577	128,039	128,577	287,114	129,114
13	通信費	39,445	147,721	169,627	123,206	45,277	149,010
14	消耗品費	43,334	0	73,574	8,348	0	4,169
15	事務用品費	6,158	0	9,723	11,204	13,903	1,945
16	修繕費	78,704	0	0	47,223	0	0
17	水道光熱費	71,341	79,469	118,008	75,448	139,452	76,344
18	支払手数料	2,000	2,500	2,000	2,000	2,000	2,000
19	車両費	81,438	84,974	85,660	73,937	236,539	96,225
20	地代家賃	636,113	636,113	636,113	461,113	811,113	636,113
21	リース料	16,251	16,251	16,251	16,251	16,251	16,251
22	保険料	92,000	92,000	92,000	92,000	92,000	92,000
23	租税公課	135,400	25,000	5,000	5,000	0	8,000
24	支払報酬料	46,297	46,297	46,297	46,297	46,297	46,297
25	雑費	0	0	0	0	0	38,889
26	販売管理費計	2,787,913	3,193,086	4,426,375	6,043,378	3,552,345	3,084,484
27	営業損益金額	4,160,446	11,306,724	3,046,343	320,426	12,193,400	14,993,604

▍応用

　これを応用して他の会計ソフトでも同じようなことができます。

　ただし、RPAに向いているものと向いていないものがありますのでそれなりのアレンジは必要です。

　クラウド会計ソフトの場合はブラウザーで操作しますので、デスクトップレコーディングではなくウェブレコーディングになります。

例えば、会計ソフトfreeeの場合はエクスポートをしてから、しばらくしないとデータをダウンロードできません。

これが私はストレスなので、UiPathを使っています。freeeからデータをエクスポートする処理をして、ダウンロード画面にアクセスし、ダウンロード可能になるまでそのページを更新するというプログラムです。

エクスポートだけではなく、インポートにもUiPathを使うことができます。

この場合はExcelマクロと組み合わせてExcelマクロをUiPathで実行する形です。

UiPathを起動するとExcelマクロが起動しファイルをCSVファイルで保存し、UiPathの機能で会計ソフトを立ち上げて、そのCSVファイルを読み込みます。

ExcelファイルをCSV形式で保存するというのは、UiPathでやるよりもExcelマクロでやったほうがかんたんですので、うまく組み合わせたほうが効率的です。

8 UiPathの事例　確定申告書等作成コーナーへExcelから入力

Excelから読み取ったデータを国税庁の確定申告書等作成コーナー（以下「確定申告書コーナー」）に入力するという事例を取り上げます。

▍下準備

準備するExcelデータ（ふるさと納税サンプルExcel）はこのよう

なものです（**画面1**）。

UiPathで使いますので、1行目には見出しをきちんと入れましょう。

■ **画面1　ふるさと納税のサンプルデータ**

	A	B	C	D	E	F
1	月	日	都道府県	市区町村	金額	← 見出し
2	1	6	北海道	三笠市	10000	
3	12	31	山形県	天童市	10000	
4	12	31	鹿児島県	鹿児島市	10000	
5						
6						
7						

　確定申告書コーナーへ入力する形式に合わせて、月と日を分け、都道府県と市区町村を分けます。

　確定申告書コーナーにログインしてデータを選択するところからUiPathで自動化できなくもありませんが、それなりに労力もかかりますので、確定申告書コーナーにログインし、ふるさと納税の入力前の段階までは手動でやり、ふるさと納税の入力だけをUiPathで自動化します。

　このように部分的なところだけを自動化すると考えると、UiPathのハードルは低くなりメンテナンスも楽になるのでおすすめです。

　確定申告書コーナーで寄附金控除を選択し（**画面2**）、

第3章 RPAの使い方

■ 画面2　確定申告書コーナー

クリック

次の画面からUiPathでつくっていきます（**画面3**）。

試しにやってみるなら、確定申告書コーナーで、提出方法の選択（書面提出を選択）→収入・所得金額の選択（給与のみを選択）→所得控除の入力→寄附金控除と画面を進めましょう。

■ 画面3　確定申告書コーナー（寄附金控除のトップ画面）

■ 全体の流れ

全体の流れは次のようなものです。

確定申告書コーナーで1つのデータについて直接入力、選択していくプログラムをつくる

↓

Excelからデータを読み込み、繰り返すようにプログラムを変えていく

今回、Excelからデータを読み込むのですが、まずはExcelから読み込まず、入力する形でつくってみて、そのプログラムがうまく動くのを確認してから、Excelを読み込み、繰り返しができるように変えていきます。

少しずつつくったほうがエラーのチェックもしやすいからです。

■ UiPathでデータを入力・選択するプログラムをつくる

UiPathで新しいファイルを開いて、名前を付けて［作成］をクリックします。

ここでは、プロジェクト名を「ふるさと納税サンプル」とつけました（**画面4**）。

第3章 RPAの使い方

■ 画面4　UiPathでファイルの作成

| Ui 新しい空のプロセス | × |

新しい空のプロセス
空のプロジェクトで始めて、新しい自動化プロセスをデザインします。

名前　ふるさと納税サンプル

場所　C:¥Users¥info0¥Dropbox¥uipath

説明　空のプロジェクト

言語　◉ VB　○ C#

作成

　UiPathが起動したら中央やや下の［メインワークフローを開く］をクリックします。

　ウェブレコーディングでつくっていきますので、レコーディング→ウェブを選択し、ウェブレコーディングボックスから［レコーディング］を選びましょう（**画面5**）。

■ **画面5　UiPathでレコーディング**

確定申告書コーナーで［入力する］をクリックして、レコーディングします（**画面6**）。

■ **画面6　確定申告書コーナーで［入力する］をクリック**

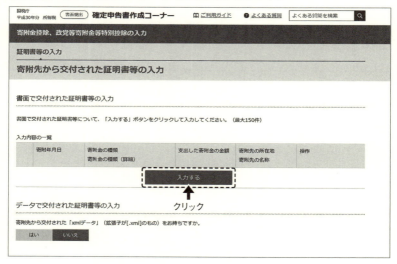

日付は月、日ともに、項目を選択してOKを押す形式です。
これも操作すれば記録できます。

第3章 RPAの使い方

　月日は、あとでExcelから読み込むように変更しますので、今は適当なものでかまいません。ここでは、1月1日にしました（**画面7**）。

■ **画面7　確定申告書コーナーで日付を選択入力**

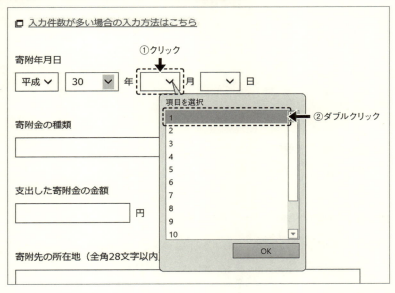

　寄附金の種類は、[都道府県、市区町村に対する寄附金]を選択しましょう（**画面8**）。

■ **画面8　確定申告書コーナーで寄附金の種類を選択**

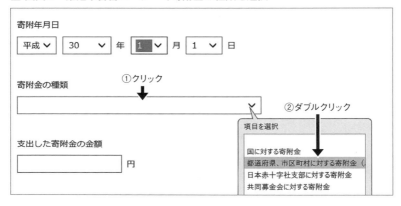

[都道府県又は市区町村のどちらに対する寄附か選択してください]
は、[市区町村に対する寄附] を選びます（**画面9**）。

■ **画面9　確定申告書コーナーで寄附先を選択**

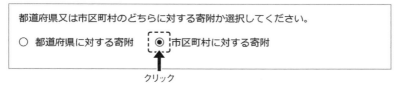

都道府県名、市区町村名は、リストから選択しましょう。

これも、あとでExcelから読み込むので適当なものでかまいません。
ここでは「愛別町」を選びました（**画面10**）。

第3章 RPAの使い方

■ **画面10　確定申告書コーナーで都道府県、市区町村を選択入力**

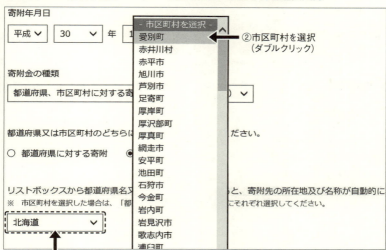

①都道府県を選択（ダブルクリック）

　支出した寄附金の金額は、入力欄をクリックして次のような［入力値を入力してください］というボックスが出てから、そのボックスに適当な金額を入力し、Enterキーを押しましょう（**画面11**）。

■ **画面11 確定申告書コーナーで寄附金の金額を入力**

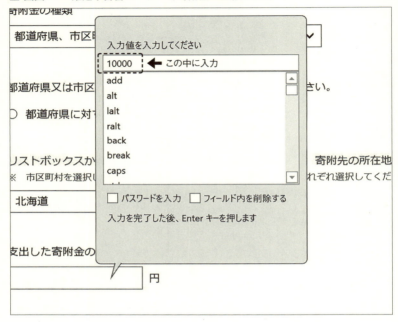

　寄附先の所在地、寄附先の名称は自動的に入りますので［入力終了］をクリックしましょう（**画面12**）。

　画面を下にスクロールしなければいけない場合は、ESCキーを押し、レコーディングを中断してから、画面を下へスクロールし、レコーディングを再度始めましょう。

第3章　RPAの使い方

■ 画面12　確定申告書コーナーの[入力終了]をクリック

| 支出した寄附金の金額 |
| 10,000 円 |

寄附先の所在地（全角28文字以内）
北海道上川郡愛別町字本町１７９

寄附先の名称（全角28文字以内）
愛別町

クリック

| キャンセル | 別の寄附先を入力する | 同じ寄附先をもう1件入力する | 入力終了 |

　[入力終了]をクリックすると、このように寄附金一覧の画面になります。

　連続してデータを入力することを考えて、ここで[別の寄附金を入力する]をクリックしましょう（**画面13**）。寄附金控除の入力画面に戻ります（**画面14**）。ここまでが1つの区切りです。

■ 画面13　確定申告書コーナーで[別の寄附金を入力する]をクリック

で交付された証明書等の入力

で交付された証明書等について、「入力する」ボタンをクリックして入力してください。（最大150件）

内容の一覧

	寄附年月日	寄附金の種類 寄附金の種類（詳細）	支出した寄附金の金額	寄附先の所在地 寄附先の名称	操作
1	平成30年1月6日	都道府県、市区町村に対する寄附金 （ふるさと納税など） -	10000 円	北海道三笠市幸町2 三笠市	訂正　削除

別の寄附金を入力する

クリック

■ **画面14　確定申告書コーナー（寄附金控除の入力画面）**

寄附金控除、政党等寄附金等特別控除の入力

寄附金の証明書を1件ずつ入力してください。
「入力終了」ボタンをクリックすると入力内容を途中で確認することができます。

- 入力件数が多い場合の入力方法はこちら

寄附年月日
[平成 ▼] [30 ▼] 年 [▼] 月 [▼] 日

寄附金の種類
[　　　　　　　　　　　　　　　▼]

支出した寄附金の金額
[　　　　　　] 円

寄附先の所在地（全角28文字以内）
[　　　　　　　　　　　　　　　　　　]

寄附先の名称（全角28文字以内）
[　　　　　　　　　　　　　　　　　　]

[キャンセル]　[別の寄附先を入力する]　[同じ寄附先をもう1件入力する]　[入力終了]

　レコーディングを終了し（ESC）、保存&終了（ESC→Enter）で、UiPathのレコーディング結果を確認しましょう。

　［ブラウザーにアタッチ］アクティビティでブラウザーを選択してから、［クリック］アクティビティで、［入力する］をクリックしています（**画面15**）。

第3章 RPAの使い方

■ 画面15　UiPathのレコーディング結果

[項目を選択] アクティビティで月と日を入力しています (**画面16**)。

■ 画面16　UiPathのレコーディング結果

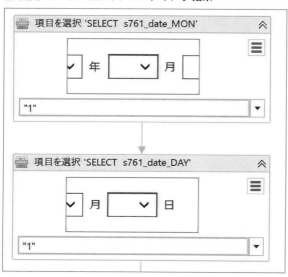

同じく［項目を選択］アクティビティで［都道府県、市区町村に対する寄附金］を選択し、［チェック］アクティビティで、「市区町村」のチェックボックスにチェックを入れています。

■ **画面17　UiPathのレコーディング結果**

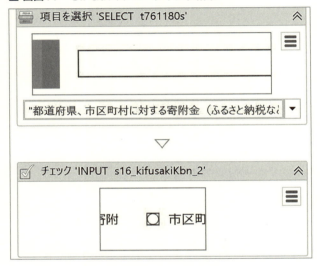

第 3 章　RPA の使い方

　[項目を選択]アクティビティで[都道府県]、[市区町村]を選択します(**画面18**)。

■ **画面18　UiPathのレコーディング結果**

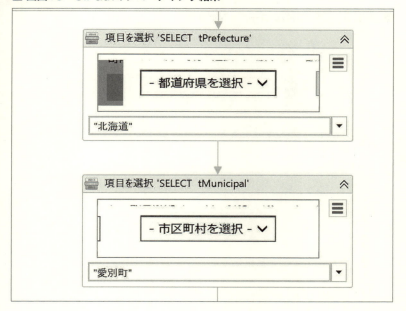

[文字を入力]アクティビティで金額を入れて、最後に[クリック]アクティビティで、[別の寄附金を入力する]をクリックしています(**画面19**)。

■ **画面19　UiPathのレコーディング結果**

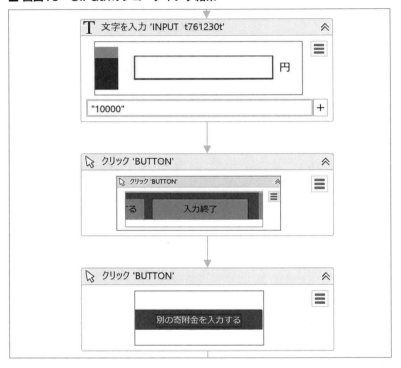

実行してみて入力できるかどうか試してみましょう。

Excelからデータを読み込み、繰り返すようにプログラムを変える

上記のプログラムを、Excelからのデータ読み込みができるように

変えていきます。流れは次のとおりです。

- [Excelアプリケーションスコープ］アクティビティの設定
- [範囲を読み込み］アクティビティを入れ、プロパティで変数を設定
- [繰り返し（各行)］アクティビティのコレクションに変数を入れる
- 繰り返す部分を、[繰り返し（各行)］アクティビティに入れる
- Excelデータを入れるプログラムに変更していく

1つずつみていきましょう。

[Excelアプリケーションスコープ］アクティビティの設定

プログラムの一番上に [Excelアプリケーションスコープ］アクティビティを入れます。

ここで指定するファイルは、ふるさと納税サンプルExcelです（**画面20**）。

■ **画面20　[Excelアプリケーションスコープ] アクティビティでファイルを指定**

［範囲を読み込み］アクティビティを入れ、プロパティで変数を設定

［範囲を読み込み］アクティビティを入れ、シート名、セル範囲を確認し、プロパティパネルの［データテーブル］でCtrl＋Kを使って変数を設定しましょう（**画面21**）。

ここでは「excel」という変数を使っています。

■ **画面21　［範囲を読み込み］アクティビティで設定**

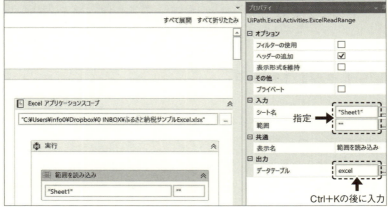

さらに中央のデザイナーパネル左下の［変数］をクリックして変数［excel］のスコープを「シーケンス」にしておきましょう（**画面22**）。

変数を使う範囲を広げるためです。

■ 画面22 変数のスコープを変更

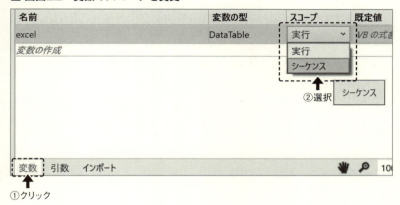

①クリック

[繰り返し（各行）] アクティビティのコレクションに変数を入れる

[繰り返し（各行）] アクティビティを入れ、コレクションに変数excelを入れます（**画面23**）。

頭文字のeを押して出てこなければ、スコープが変更されていない可能性がありますので [範囲を読み込み] アクティビティを、クリックし、変数パネルで確認してみましょう。

■ 画面23 [繰り返し（各行）] アクティビティの設定

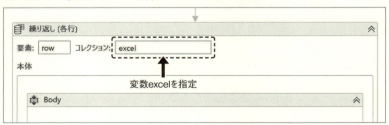

繰り返す部分を、[繰り返し(各行)]アクティビティに入れる

繰り返す範囲を[繰り返し(各行)]アクティビティのBodyに入れます。

今回繰り返すのは月を入れるところから、[別の寄附金を入力する]をクリックするところまでです。

該当のアクティビティを、Ctrlキーを押しながらクリックすると、まとめて選択できますので、その後、Ctrl+X(切り取り)で切り取ってから、[繰り返し(各行)]アクティビティのBodyに、Ctrl+Vで貼り付けましょう(**画面24**)。

■ **画面24 繰り返す部分を移動**

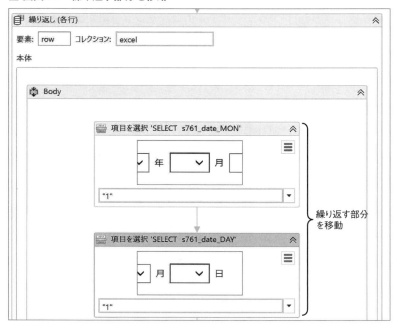

第3章 RPAの使い方

　その後、[繰り返し（各行）] アクティビティ全体を、ウェブの [クリック] アクティビティの後に、移動させます。

　[繰り返し（各行）] アクティビティをいったん折りたたみ、マウスでドラッグして動かすと楽です（**画面25、26**）。

■ **画面25　[繰り返し（各行）] アクティビティを移動**

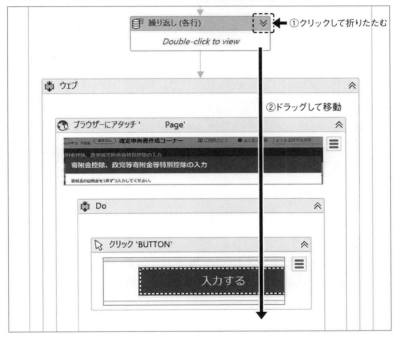

■ **画面26 [繰り返し(各行)] アクティビティの移動後**

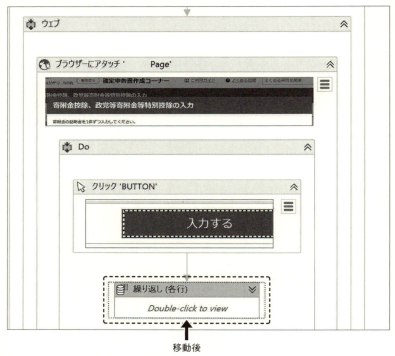

移動後

Excelデータを入れるプログラムに変更していく

UiPathでレコーディングする際に仮に選択した月日、都道府県、市区町村、金額をExcelデータから読み取って入力できるようにしていきます。

レコーディングでは、仮に月を1と選択したので、「"1"」と記録されています。Excelデータから読み取るには、「row("見出し").ToString」と入力します。

第3章 RPAの使い方

次のサンプルデータ(**画面27**)から、見出し「月」のデータを入れる場合は、「row("月").ToString」です(**画面28**)。

■ **画面27　ふるさと納税のサンプルデータ**

	A	B	C	D	E	F
1	月	日	都道府県	市区町村	金額	
2	1	6	北海道	三笠市	10000	
3	12	31	山形県	天童市	10000	
4	12	31	鹿児島県	鹿児島市	10000	
5						
6						
7						

■ **画面28　Excelの「月」列のデータを読み込み**

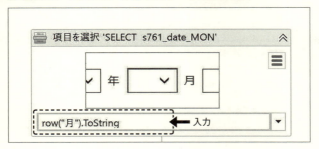

同様に「日」を入れます（**画面29**）。

■ **画面29　Excelの「日」列のデータの読み込み**

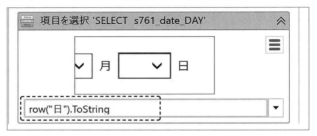

「都道府県」、「市区町村」を入れ（**画面30**）、

■ **画面30　Excelの「都道府県」列、「市区町村」列のデータを読み込み**

第3章 RPAの使い方

「金額」を入れます（**画面31**）。

■ 画面31　Excelの「金額」列のデータを読み込み

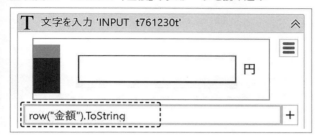

これで実行するとExcelにある3行のデータをすべて入力できます。
試してみましょう。

画面をこの状態にしてからUiPathを実行します（**画面32**）。

■ 画面32　確定申告書コーナー（寄附金控除のトップ画面）

実行後は、寄附金控除の入力画面に戻ります。

[別の寄附金を入力する] を押しているからです。

手動で [キャンセル] をクリックし、確認画面で [はい] を押せば (**画面33**)、

■ **画面33　確定申告書コーナー（確認画面）**

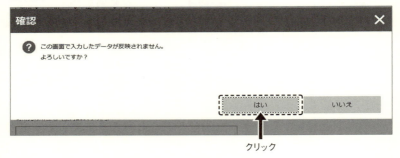

寄附金控除のトップ画面に戻り、このようにExcelのデータが間違いなく入力されていることがわかります（**画面34**）。

■ 画面34　確定申告書コーナー（寄附金控除のトップ画面）

面で交付された証明書等について、「入力する」ボタンをクリックして入力してください。（最大150件）

力内容の一覧

	寄附年月日	寄附金の種類 寄附金の種類（詳細）	支出した寄附金の金額	寄附先の所在地 寄附先の名称	操作
1	平成30年1月6日	都道府県、市区町村に対する寄附金 （ふるさと納税など） −	10000 円	北海道三笠市幸町2 三笠市	訂正　削除
2	平成30年4月30日	都道府県、市区町村に対する寄附金 （ふるさと納税など） −	20000 円	山形県天童市老野森1 丁目1−1 天童市	訂正　削除
3	平成30年6月18日	都道府県、市区町村に対する寄附金 （ふるさと納税など） −	5000 円	鹿児島県鹿児島市山下 町11−1 鹿児島市	訂正　削除
		別の寄附金を入力する			

これでひとまず完成です。

　なお、見出し行（Excelの1行目）を無視して、2行目からデータを入れることができるのは、[範囲を読み込み]アクティビティのプロパティパネルのオプションで[ヘッダーの追加]に標準設定で、チェックが入っているからです（**画面35**）。

■ **画面35　[範囲を読み込み] アクティビティのプロパティの設定**

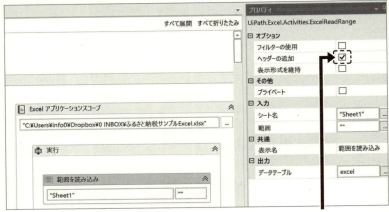

チェックが入っている

応用

「もしExcelのデータがまだあるなら、[別の寄附金を入力する] をクリックしない」という処理を入れることもできます。

その場合は [条件分岐] アクティビティを使い、次のように入れましょう（**画面36**）。

■ 画面36 [条件分岐] アクティビティの設定

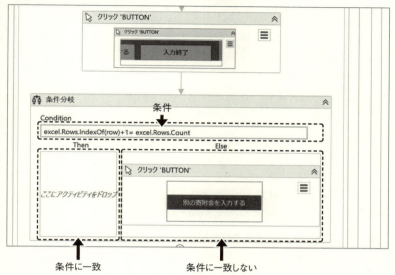

データを入力したら [入力終了] をいったん押し、その後に、もしその行がExcelの最後の行だったら、[別の寄附金を入力する] をクリックします。

Excelの最後の行かどうかの判定は、

```
excel.Rows.IndexOf(row)+1=excel.Rows.Count
```

と書きます。

プログラムでは0、1、2、3と数えますので、それに1を足したものが、今処理している行「excel.Rows.IndexOf(row)+1」です。

■ **画面37　ふるさと納税のサンプルデータ**

	A	B	C	D	E	F
0	1	月	日	都道府県	市区町村	金額
1	2	1	6	北海道	三笠市	10000
2	3	12	31	山形県	天童市	10000
3	4	12	31	鹿児島県	鹿児島市	10000
	5					
	6					
	7					

　4行目の4と「excel.Rows.Count」、つまりデータの数である4が一致するときが、最後の行ということになります。

　最後の行だったら、[別の寄附金を入力する]をもうクリックしないようにする処理です。

　ふるさと納税だけでなく医療費や、給与、青色申告決算書も同じようなしくみで入れることができます。

　すべてに使えるような汎用性の高いものをつくるのではなく、ある程度パターンをつくるのがおすすめです。

　・給与＋医療費

　・給与＋ふるさと納税

　・年金＋医療費

　・不動産所得＋医療費

　・事業所得＋ふるさと納税

　といったパターンでUiPathをつくってみましょう。

今回のようなしくみを使えばExcelに入れた勘定科目残高データを税務ソフトの勘定科目内訳書に入れたり、税務ソフトの概況書に入れたりすることもできます。

　会計ソフトと税務ソフトが連動していれば必要ないでしょうが、そうでない場合には役に立つプログラムです。

　会計ソフトや税務ソフトの場合はウェブレコーディングではなく、デスクトップレコーディングで記録しましょう。

第4章

税理士業と効率化

1 「効率化」とは「変える」こと

　第4章では、趣向を変えて「効率化」ということについて広く考えてみましょう。
　効率化したいのであれば何かを変えなければいけません。
　今までと同じようにやっていては、効率化は難しいものです。
　現状から一歩踏み出して変えていかなければ、前には進めません。
　例えば、お客様から通帳を受け取って会計ソフトに入力する仕事を、今までのやり方で効率化するのは不可能です。
　ソフトの操作になれたり、タイピング速度を向上させることで多少なりとも入力を速くすることはできても、劇的な変化は望めないでしょう。それには長時間働くしかありません。

　ネットバンクを導入し、そのデータをExcelで加工して取り込んだり、会計ソフト側で取り込んだりすることができれば、これまでの通帳入力という仕事がなくなります。
　今までのやり方を変えることは、効率化につながるわけです。

　「変える」ということはそれ自体がリスクでもあります。
　しかし、リスクとは変化の幅でもあり、よいこともあれば悪いこともあるのです。
　リスクがあるから駄目だということはなく、またリスクがゼロになるということはありえません。
　税理士として独立することもリスクですし、税理士試験を受けるということもリスクです。

第4章　税理士業と効率化

　いいことばかりではないのはご存じのとおりでしょう。
　それでもリスクを取って変化していかなければ、効率化はできません。

　そのときに捨てなければいけないのは、「税理士はミスしてはいけない」というしがらみです。
　・税理士はミスをしてはいけない
　・絶対に間違えてはいけない
　・プロだからミスは許されない
　確かにそのとおりでしょう。

　税理士試験でも、ミスは許されないものでした。
　そしてそのクセは体に染み付いています。

　それが効率化の邪魔になるのです。
　ミスをしてはいけないと思うがあまり、新しいことや変化を求めなくなってしまいます。
　これまでどおりのやり方をしていればミスは起きないかというと、そんなことはありません。

　ミスを完全にゼロにすることはできないわけです。
　それならば多少なりともリスクを取って、新しいことを取り入れ効率化をしていきたいものです。

　もちろん、RPAでもミスが起きる可能性はあります。

プログラムが間違っていれば、RPAはミスをするわけです。
　しかしそれを怖がっていてはいつまでたっても効率化はできません。

　税理士はミスをしてはいけないというしがらみを断ち切りましょう。

　まず、効率化のために変えなければいけないのは道具＝ハードウェアやソフト・サービスです。
　パソコンやスマホを変えてみなければ、効率化は望めません。
　ソフトをバージョンアップすることや変えていくことも大事です。

　このときに、税理士業務に欠かせない税務ソフトや会計ソフトだけにとらわれてはいけません。
　これらのソフトは効率化や使いやすさは二の次で、正確さを重視しているからです。
　もちろん正確さが大事ではあるのですが、それにとらわれすぎていては、前述のとおり効率化はできません。
　税務ソフトや会計ソフトだけを使っている限り、効率化というのはできないのです。

　そして何よりも変えなければいけないのは自分です。
・今までの方法を捨てる、やったことがないことをやる
・多くの税理士がやっていることをやらない、多くの税理士がやっていないことをやる

といったことをしなければ、効率化はできません。

　多くの効率化は、長時間労働・低賃金といった人を犠牲にした上に成り立っています。
　人を犠牲にしない真の効率化には、IT、AI、そしてRPAの力が必要です。

　何も他の税理士と横並びになるために独立したわけではないはずです。
　そもそも他の税理士と違いをつくらなければ、お客様に選ばれませんので、自分が変化するしかありません。
　逆にいえばちょっと変われば違いを出せるのが税理士業界。
　変化が少ない、変化を嫌う、変化しなくても食べていけるからです。

　私もちょっとだけしか変えていません。
　ただ、確実に変えています。

　効率化に限らず、自分を変えるということ、新しいことをやるということを日々トレーニングしてみましょう。
　私は毎日新しいことをやる「1日1新」というものを続けており、1日も欠かしていません。
　・行ったことがないところへ行く
　・食べたことのないものを食べる
　・使ったことがないものを使う

・いつもとちょっと違うものを選ぶ

・買ったことがないものを買う

など、プライベートや仕事に限らず、やったことがないことを毎日1つ以上やっています。

新しいことをやると、古いことを捨てることができるのです。

これが効率化にとって大事であり、RPAを使いこなす2歩目でもあります。

（本書を読んでいただいたところが1歩目です）

RPAは、通帳を入力するのとはまったく違うことですから、抵抗があるのは当然です。

だからこそ、自分や自分の考え方を変えなければ、RPAを使おうとも思わないでしょう。

自分を変えることをトレーニングしておけば、効率化で何かを変えなければいけない・捨てなければいけないというときにも役立ちます。

RPAが仮に役に立たなかったとしても、変えたこと、一歩踏み出したことは残ります。

その積み重ねが理想の働き方・生き方につながるのです。

2　人手不足だからRPA？

■ 人手不足だから、（しかたなく）効率化

「人手不足だから効率化しましょう」

「少子高齢化だから効率化は必須」

「いい人を採用できないし、人を育てている暇もないから効率化しましょう」

「人手不足だからRPAを導入しよう」

という風潮には違和感があります。

RPAをデジタルレイバー（デジタルの労働力）というのも好きではありません。

確かに人が足りなくなれば、仕事をこなせなくなり、効率化せざるを得ませんが、効率化は、そんなスタンスや後手でできるものではないでしょう。

今まで効率化をしていなくて、急に効率化しようとしても、人は対応できません。

人手不足でRPAを導入しても、人がRPAに対応できず、空いた時間を使いこなせないなら意味はないのです。

人の意識や考え方が変わらなければ効率化はなしえません。

人手にいつまでも頼っているなら、効率化は不可能です。

▍効率化すれば人は少なくていい

そもそも効率化すれば、「人手」という意味での人はいらなくなります。

日本の法律では、かんたんに人に辞めてもらうことはできません。

人を雇うには、それ相応の覚悟が必要です。

人を確保してから効率化を考えるのではなく、効率化して、もし必

要であれば人を採用すればいいのではないでしょうか。

　人ありきで考えていると、仕事が増える→効率化できない→人を採用しようとする→いい人がいないとなげく→しかたなく採用する→ますます効率化できない…という負のサイクルに陥りかねません。

　また、人が来ない・育たない・辞めるのは、効率化できていないからです。
　・効率化できていないから魅力的な職場にならず、人が来ない
　・効率化できていないから利益を十分出せず、人件費をおさえる、または、固定の人件費で長時間働かせるから人が来ない、辞める
　・効率化できていないから、仕事を教える暇がなく、また、右から左へ仕事をこなさなければいけないので、人が育たない
　・効率化できないから疲弊して、人が辞める
　人手不足だから効率化が必要という話ではなく、効率化が後回しだから、人手不足になっているとも考えられます。

　そもそも、先に効率化をなしとげていれば、人を増やす必要もありません。
　ひとりで効率化できていれば、人は必要ないわけです。
　ただ、ひとりで仕事をしていくなら、その「ひとり」を維持するためにも、さらなる効率化は必要となります。

■ 効率化して人を雇わなくて済むようにするには

　効率化してひとりを維持するために、私は次のようなことをやって

います。

①人が必要ない仕事を選ぶ・つくる

人が必要な仕事があると、雇う必然性が出てきます。

例えば、大人数のセミナーも、ひとりではこなせないでしょう。

大量の作業を請け負う仕事も、ひとりではできません。

レシートをデータとして入力する作業を、ひとりでやろうとすれば限界はあります。

（めちゃくちゃ速く入力できる方もいらっしゃるかもしれませんが）

週に3日ほど、常駐してやらなければならないような仕事も、人が必要です。

私はいつも仕事の依頼を受けるときに、「人が必要かどうか、私がひとりでできるかどうか」も考えています。

できることは限られますが、ひとりでいる主義で、人が必要な仕事を1つでもとってしまうと業務だけでなく、生活全体のバランスが崩れるからです。

結果、お客様のお役に立てなくなります。

②ITを活用する

ITを活用すれば、人が必要なくなります。

例えば、お客様からのお問い合わせ窓口を問い合わせフォームやメールに限定すれば、電話対応が必要なくなりますし、郵送業務をなくせば、郵送してくれる人もいらなくなるでしょう。

ネットを使えば、営業担当はいらなくなりますし、会計ソフトを使いこなせば、経理担当はいらなくなります。

さらにExcelマクロ、RPAなどを使えば、作業全般がほぼなくなる

わけです。

③自分ができることを増やす

自分ができることを増やせば、人は必要なくなります。

サイトをつくる、営業する、経理をする、そしてそれらを効率化するなど、できることを増やしていきましょう。

これらは、②のITのおかげでできるようになっています。

だからこそ、ひとりでも仕事をこなせるわけです。

もし、ひとりで仕事を続けたいなら、効率化をより一層意識していきましょう。

ひとりなら、人手不足は関係ありませんし、むしろ人手不足なのは、追い風です。

なんせ、人が足りないくらい仕事があるということですから。

3 効率化に躊躇しない「ひとり税理士」の強み

効率化を考えるときに、躊躇しないことが大事です。

それがひとりの強みでもあります。

■ 効率化の敵は躊躇

料理は時間をかければおいしくなるわけでもなく（長く煮込んだほうがいい場合もありますが）、時間をかけずに効率的につくってもおいしくなります。

仕事も同じで、時間をかければいいわけでもありません。

効率化できる仕事は効率化すべきでしょう。
その効率化の敵は、躊躇です。
躊躇があると効率化は進みません。

独立後はこの躊躇を捨てることができるはずです。
独立前だと、
・効率化して仕事がなくなると、暇になってしまう
・効率化して仕事を終わらせても、別に早く帰ることができるわけではない
・効率化して仕事を終わらせた途端、別の仕事が降ってくる
といった、躊躇があります。
　私は、その躊躇を捨てるために、仕事が終わっていないふりをしていました。
　独立後はそんなことをする必要はありません。

仕事が終われば別のことをやればいいし、遊んでもいいわけです。
　人を雇っていなければ、効率化してしまって、人が余って困ることもありません。
　ひとり税理士の場合、この効率化に躊躇しないでいいというのは、間違いなく強みでしょう。

4　効率化に躊躇しないために必要なこと

ただ、ひとりでも効率化に躊躇する可能性もあります。
次のような点に気をつけてみましょう。

▎効率化への罪悪感を捨てる

　仕事に時間をかければかけるほど価値が上がるという認識は捨てましょう。

　・すぐ返答するとかんたんにやったと思われる
　・かんたんにできるから安くしなければいけない

という不安はなくすべきです。

　時間をかける、1日机に座っていること自体に、価値はありませんし、お客様に何を提供するかということに価値があるのではないでしょうか。

　効率化に罪悪感をもつ必要はありません。

　そのためには、作業やそれにかかった時間を基準にした値段設定をしないことが大事です。

　時間を基準に課金していると、効率化した時に値段を下げなければいけなくなります。

　そうなると効率化に躊躇してしまいがちです。

▎仕事をしないことに不安をいだかない

　効率化すると、仕事をしない時間＝空白ができます。

　その空白に不安をいだかないようにすべきです。

　9時〜17時に仕事をしなければいけないわけではなく、平日に休みがあっても、プライベートの予定をやってもいいわけです。

▎効率化でつくった時間を仕事で埋めない

　効率化でつくった時間を仕事で埋めないようにしましょう。

　仕事量を増やすために、効率化するわけではないはずです。

その時間を、仕事で埋めずにプライベート、やりたいことに使いましょう。

人生でやりたいこと、夢中になることをつくることもおすすめです。

人生で効率化する余地が大きいのは、仕事しかありません。

「仕事があるから」

「繁忙期だから」

「そうはいっても」

と考えているうちに年を重ね、人生は過ぎていきます。

効率化したらこれをやろう！と思っていることは、今、手がけてみましょう。

やりたいことがあれば、その時間をつくるため効率化も進みます。

私が効率化に躊躇がないのは、やりたいことがやまほどあるからです。

・家族と過ごしたい

・ゲームもしたい

・トライアスロンのトレーニングもしたい

・旅行も行きたい

・RPAの研究もしたい

・ブログも書きたい

・本も書きたい

・新しいことにも挑戦したい

などなど。

そして、その上で

・仕事もしたい

のです。

この中で効率化できるのは仕事しかありません。
だからこそ仕事の効率化に躊躇はありません。
仕事の効率化に躊躇しないことを意識してみましょう。
それがひとりの強みでもあります。

5　雇わないという覚悟

選択肢が多すぎると、効率化は難しくなります。
効率化の方法は絞りましょう。

効率化には、さまざまな方法があります。
- 人にふる、任せる
- ソフトを買う
- パソコンを買う
- スキルを身につける
- やり方を工夫する
- 仕事の入り口を整備する
- 方法を教えてもらう
- 効率化を勉強する
- 一時的に負荷をかけてしくみをつくる

などです。
こういった選択肢が多すぎると、迷ってしまいます。
迷う結果、効率化もなしえないことが多いのです。
その選択肢には、
- 1日24時間をもっと増やせる

・一晩明けると、解決している
・自分がスキルを急に身につける
といった思いこみも含まれることもあります。
まずは、こういった選択肢を捨て、
・時間は絶対に増えない
・時間で解決しない
・スキルは急に身につかない
と割りきることが大事です。
油断すると、私も思ってしまいます。
さらに私が捨てている選択肢は、人にふる、任せるというものです。

「雇わない」という選択

独立後、「雇わない」という選択をしているのは、選択肢をなくすためでもあります。

雇うかも…と思っていると、自分のキャパシティ以上の仕事が来たとき、雇うかどうか迷ってしまうでしょう。

「雇わない」と決めていれば、自分でやるしかないので、その選択肢はないのです。

となると、自らの効率化スキルを常に磨いておくか、仕事の入り口で判断するしかありません。

自分でなくてもできる仕事もとらなくて済みます。

「ひとりじゃできない仕事がきたらどうするんですか？」とよく聞かれますが、そういったことはありません。

自分なりに効率化スキルを磨くとともに、入り口で、そのような物

量作戦の仕事はこないようにしています。
　（来たとしてもお断りします）
　「人にふる」という選択肢には、外注も含まれます。
　以前は、外注も考えてやっていた時期もありますが、仕事をふる手間、成果物のチェックなど、効率化の一方で仕事も増えるものです。
　外注も含めて選択肢をなくしたほうがすっきりします。

　そもそも、他人にふることができる仕事は、自分がとるべき仕事ではないとも考えられます。
　例えば、本を書く、セミナーで話すということは、人にふることができない仕事です。
　（講師を育てて…という方法もあるのでしょうけど、ノウハウだけを書いたり話したりしているわけではないので）
　「人」にふることができない以上、自分か「人以外」にふるという選択肢しかありません。
　「人以外」とは、パソコン、IT、AI、RPAといったものです。
　雇っていないからこそ、その方面のスキルが伸びます。
　雇っていたら、「これ打っといて」「集計しといて」「つくっといて」で済むので、スキルは伸びません。
　もちろん、人を雇っていないと、マネジメントスキルは伸びません。
　（雇っていてもマネジメントスキルがあるかどうかは別ですが）
　ただ、マネジメントもできて、効率化スキルもあってというのは、なかなか難しいものです。
　私はできません。
　やったとしても中途半端になるでしょう。

私の場合は、「雇わない」と決めて、「人にふる」という効率化の選択肢を捨てたことで、他の効率化スキルを伸ばすことができ、効率化をなしえることができました。

　スキルアップには、勉強する、教わるばかりにならないことも大事です。自分でやってみないと効率化スキルは絶対に伸びません。
　（だからこそ、私は、効率化の情報を提供するときは、やり方や入門しか取り扱いませんし、作業代行もしません）
　効率化したいと思うなら、効率化の選択肢を捨ててみるのも手です。
　自分しかいないと覚悟を決めたほうが、スキルは伸びます。

6　大規模税理士法人がRPAで効率化したときの影響

　RPAを導入したからといって、必ずしも効率が上がるわけではありませんが、もし税理士業界全体の効率が上がったらということは考えておくべきです。

　大規模税理士法人は、RPAを人と違って24時間365日働けるデジタルレイバー（デジタルの労働力）とみなしています。

　大規模税理士法人の効率が上がったら、
・（人の数、お金を活かした）新しい商品やサービスが出てくる可能性
・もっと安く、多く売る可能性

・今までは、採算が合わないからやっていなかったことを手掛ける可能性
があるでしょう。

ひとり税理士の場合、人の数、お金では大敗します。
これまでは、人やお金が無駄なところに投入されていたところ、効率が上がったら、適正なところに投入される可能性は高いでしょう。
RPAで、大規模税理士法人がいわば無理やりにでも効率化できるようになっていることは、ひとり税理士のリスクの1つです。

▍RPAは、無理やり効率化できる

「RPAで年間〇〇万時間削減！」というニュースが数多く聞かれるように、効率化による効果は高いものです。
「そんなに削減なんて、今までどれだけ無駄なことをしていたんだ…」と思ったりもしますが、そこにRPAの特質があります。
プログラミングなら、昔からありましたし、クラウド、IT、システムなど、あらゆるものはすでにありました。
RPAがそれらと違うところは、今までのやり方を大きく変えずに、効率化できることです。

Excelのデータを、別の会計システムに入力する「作業」を人がやっていたら、大変です。
1つずつ目で見て入れなければいけませんし、データ数が多ければ人数も必要でしょう。
チェックの手間もありますし、ミスの可能性もあります。

RPAでは、これをそのまま効率化できます。
Excelのデータを見て、それを入力するということができるのです。

例えば、Excelの売上データをもらって、会計ソフトに入れる場合、次のような方法があります。
①売上データをFAXや郵送でもらい、それを見ながら会計ソフトへ入力（FAXをPCで受信してデュアルディスプレイで見ながら…という笑い話もあります）
②売上データをExcelでもらい、それを見ながら会計ソフトへ入力
③売上データをExcelでもらい、それを毎回加工して会計ソフトへインポート
④売上データを会計ソフトのインポート形式で入力してもらい、それをインポート
⑤売上データをExcelでもらい、Excelで自動処理して会計ソフトへインポート

①のようなことは少なくなってはいるでしょうが、まだあることでしょう。
②だと、まだまだありえます。

RPAは、②から③、④、⑤とやり方を変えなくても、この②のまま効率化できてしまうのです。
・Excelを開く
・データを1つずつ会計ソフトに入れていく
という操作をRPAに覚えさせれば、次から同じようにやってくれます。

ただ、100個のデータがあるときに、100回それをやるわけにはいかないので、多少のプログラミング処理は加えなければいけません。
　・Excelからデータを読み込む
　・それをデータの数だけ繰り返す
　といった処理をします。

　人がやるように、Excelの日付を目で見て、会計ソフトに入力し、項目を目で見て、会計ソフトに入れ…ということをミスなく疲れることなくやってくれます。
　②の段階のまま一気に効率化が進むのは間違いありません。

　ひとりなら、②をやっているということはないでしょう。
　手間もかかりますし、時間的にできません。
　入力の仕事をしないか、何らかの方法でもっと効率化しているはずです。

　一方、事務所の規模が中規模から大規模になれば、お金と人があるので、②の段階で止まっている可能性があります。
　人手でやってしまえるということは、効率化が進まない理由の1つでもあります。

　むしろ人を雇って給料を払っていることは、効率化と逆の力（仕事を減らすとやらせる仕事がなくなる）が働きます。
　それに、使い放題プラン（残業代を払わない）が組み合わさってブラック企業ができあがるわけです。

ただ、こういったところも、人が足りなくなってきて、効率化に目が向くようになってきています。
　②を⑤にするのは難しいのですが、②の段階からRPAで無理やり効率化することはできるのです。

　通常、こういった場合は、システムやソフトで、Excelデータ（CSV）を取り込みます。
　しかしながら、その方法を知らなければできず、また、取り込めるように仕事のやり方を変えなければ効率化はできません。

　知識はともかく、この「仕事のやり方を変える」というのが、組織が大きくなればなるほど難しいものです。
　「慣れた方法がいい」
　「変えて間違えたらどうするんですか？」
　「新しい方法を覚えるのが嫌だ」
　というように、いわゆる抵抗勢力が元気になるでしょう。

　一方、システムやソフトに取り込む機能がない場合もあります。
　高いお金を払って導入しているのに、そんなことが…と思われるかもしれませんが、実際には多いものです。
　現場を理解して開発されているものなんてほとんどありませんし、実際に使う人よりも、ソフトを使っていない声の大きな人の意見が取り入れられています。

　RPAはこういった事例でも効率化できる可能性があるのです。

（抵抗勢力はそれでも抵抗するでしょうが）
仕事の流れを変えなくても効率化できます。

例えば、システムからプリントアウトしたものをExcelに入力する場合、人による作業を効率化することは通常できません。
しかしながら、RPAだと、システムを画面上で見ながら、Excelに入力することができるのです。
硬直化した大きな組織でも効率が上がる可能性があり、規模が大きいほどRPAの効果が出ます。
そこに働き方改革キャンペーンが加わったことで、業界全体が効率アップへ目を向けているわけです。

RPAにAIやOCRを組み合わせての効率化もすでに導入されており、手書きの文字を認識し、それをデータに入れ集計するということもできています。

UiPath以外のRPAは、年間数百万円のものもあり、ひとりだと、とうてい出せない金額ですが、大規模税理士法人にとっては十分出せるものです。
導入によって人ひとり減らせる、残業代を減らせるなら安い買い物でしょう。

RPAでの効率化のデメリット

Excelを見ながらデータを入力するという仕事がなくなるということは、いいことなのかもしれませんが、無理やり効率化してしまうこ

第4章 税理士業と効率化

との弊害もあるのではないでしょうか。

その理由には次の3つがあります。

①人間の効率化スキルが退化する
　RPAではない効率化、例えば、Excelやプログラミングだとそれなりのスキルも必要で、そういったスキルを身につける過程で効率化のスキルも磨かれるものです。
　ただ、「Excelを見ながら入力」から一気にRPAで効率化してしまうと、その機会がなくなります。
　もちろん、それに合わせて効率化スキルを磨くケースもあるでしょうが、そうではない場合、人間の効率化スキルは退化するでしょう。
　今回あげた「Excelを見ながら入力」のような事例を効率化するためにRPAが生まれたわけではありませんし、こういう使い方をするばかりではExcelもRPAもかわいそうです。

　また、前述の②の段階(売上データをExcelでもらい、それを見ながら会計ソフトへ入力する段階)からIT化をとばして効率化することの弊害も出てくるでしょう。
　・紙の感覚を捨てないでExcelを使って、いわゆる「ネ申エクセル」
　　が生まれる
　・簿記の原理がわからずクラウド会計を使ってもうまくいかない
　・他人の作ったExcelマクロが壊れるとお手上げ
　というようなことは、RPA時代にも起こりえます。

簿記をまったく知らずに会計ソフトをさわることの悲劇はご存じでしょう。
　人間が理解しつつ、効率化することが大事なのです。

②安く多く仕事をとるところが増える
　「Excelを見ながら入力する」ということをやっているのは、人を安く長く雇っているところ＝規模が大きいところの可能性が高いでしょう。
　少人数ましてひとり税理士だと、そんなことをやっている余裕はありません。
　規模が大きいところが、RPAにより一気に効率化してしまうと、効率化した分、さらに安く多くの仕事をとりにくるかもしれません。

　RPAでできる
　↓
　人件費より安い
　↓
　もっと安く、多く仕事をとろう
　という流れは増えてくる可能性があります。
　もっと仕事を！もっと売上を！
　という流れはまだまだありますし、これからもあるでしょう。

　さらなる価格破壊もありえるでしょう。
　ひとりで仕事をしている人には脅威になりえます。

③人件費・外注費・報酬がさらに安くなる

RPAでいろいろなことができるといっても、人間を超えることは考えられません。

汎用性があり、機転が利くといった点は人間のほうが優れています。

一方、大量に処理するという点ではRPAが圧倒的に有利です。

量で勝負していると、RPAに勝てません。

そして、RPAの導入により、人件費、外注費、報酬がさらに安くなる可能性があります。

RPAを導入・運用するコストより人間に支払うコストが高ければRPAを導入し、安ければ人間を選ぶでしょう。

RPAにより仕事が減り、余剰人員が出るようなら、そのことも人件費等の下落につながります。

ひとりで仕事をしているなら、「安く・長く・多く」では大規模税理士法人に太刀打ちできません。

仕事の量・安さ・時間の長さでの勝負は、今日からでもやめていきましょう。

逆に、ひとりでRPAを使って正しく効率化できるのは追い風です。

人手不足どころか、人手がないひとりでも、RPAを使って効率化できます。

今のスキルやテクノロジーで効率化し、生産性・戦闘力を上げておくことは決して無駄にはなりません。

■ 大規模税理士法人の効率化の波に備えてやっておきたいこと

大規模税理士法人の効率化の波に備えて次のようなことはやって

おきたいものです。

①自分の効率化

自分の効率化は常に意識しておくべきことでしょう。
- ITを使う
- RPAを使う
- パソコンをいい状態にしておく
- 仕事のやり方を変える
- 効率化のために仕事を選ぶ、捨てる、変える
- 考え方を変える

などといったことが考えられます。

すぐ動けるのが、ひとりの特権です。動く時間、考える時間を確保しておきましょう。

②数、量での勝負をしない

中途半端に仕事の量を増やしたり、事務所の規模を大きくしたりしても大規模税理士法人には勝てません。

ましてや大規模税理士法人は効率を上げているのですから。

数や量で勝負すること、数や量で値段をつけることをやめていきましょう。

値段以外の違いを出すことも引き続き大事です。

③個を出すこと

組織には組織のよさがあり、大規模税理士法人にしかできないこともあります。

一方で、小回りがきく個人にしかできないこともあるはずです。

それが何かを徹底して意識し、個を出すことはこれからも大事だと思っています。

個を出さないひとり税理士は、たとえ大規模税理士法人にやられなくても、AIにやられてしまうでしょう。

どっちみち、自分ならではの個は欠かせません。

7 無駄な業務をRPAで効率化しない

効率化するときに忘れてはならないことがあります。

それは効率化の基本は0であるということです。

0、つまりやめることこそが大前提です。

無駄なことを効率化しても意味がありません。

RPAで効率化するときも同じです。

RPAで効率化する前に、その仕事は必要かどうかを考えましょう。

例えば、お客様が望まない資料に何時間かけたとしても、満足していただけないでしょう。

ましてやそこに値付けしたとしても喜んでいただけません。

お客様が望まないもので、必要ないものはやめるべきです。

また、経理でも、

・今までやってきたこと

・前の事務所がやってきたこと

・お客様がやってきたこと

で意味のない処理はないか考え、本当に必要かチェックしてみましょう。

こちら（税理士）は「お客様にとって意味があるだろう」と思ってやっていても、お客様は「あちら（税理士）にとって意味があるのだろう」と思っていて、実は双方にとって意味がないということもあります。

どちらかというと、お客様には、こちら側（税理士）にとって意味があることだと思われていることが多いものです。

こちら側（税理士）が主導権を握って、下記のような無駄なことをしていないか意識してチェックしてみましょう。

・無駄な資料をつくっていたり、無駄な仕訳を入れていたりする
・Excelにデータを入れているのに、それを会計ソフトへ再度入れている
・会計ソフトにデータを入れているのに、それをExcelに再度入れている

さらには、人がやる意味がない処理というものもあります。

例えば、Excelファイルを開いてCSVファイルで保存することを毎月10回繰り返すという作業は、CSVファイルで保存することに意味があっても、人がやることに意味はありません。

こういった処理は、RPAはもちろん、Excelマクロを使うことで片付きます。

プログラムを書けば、その処理を【一生】やらなくていいのです。

意味がない処理をなくすためにスキルが必要なこともありますが、スキルが必要なく、ぱっとやめればいいことも少なくないのではないでしょうか。

まずは、そういった意味のない処理を見つけ、

本当にその仕事は必要か

それにかける時間が必要か

世の中にとって必要かどうか

を考えてみましょう。

■ 無駄なことをしなくていいのがひとりのメリット

組織には、メリットもありますが、デメリットもあります。

組織ならではの非効率な業務は確実にあり、ひとりならそういったことをしなくても済みますし、RPAで効率化する必要もありません。

例えばこういったことがあるでしょう。

- システムに入力した後、上司がチェックする流れなのだが、上司がなかなかシステムをチェックしてくれない。だからリマインドメールを送る必要があったが、RPAで自動化できた！

  →その上司のフォローをする必要があるのか

- 名刺の発注申請書の発注理由欄に「名刺が少なくなってきたため」という理由を入れる必要がある。それをRPAで自動化できた！

  →名刺の発注理由はそもそも必要か

- メールで来た情報をデータベースに別途入力していた仕事を、RPAを使ってメールから読み取り入力までを自動化できた！

→メールで送らずに直接入力できるしくみはできないか
・会議の議事録をとるのは大変だが、AIで自動記録できた！
　　→会議を減らすことのほうが大事では？
・いつでもどこでもWeb会議ができる！
　　→いつでもどこでも会議する必要があるのか
・AIで勤怠やメール、PC利用状況を管理することで、モチベーションの低下を察知し、退職を防ぐ！
　　→メールまで管理されるなんて！
・AIで顔を認識することで、会社に不満があるか、上司と相性がいいかをチェックし、事前にカウンセリング！
　　→見張られているようで嫌。上司や会社自体に問題がないか見直すべきなのでは？
・社内にチャットを導入し、情報共有を円滑化。社長がすべてのやりとりを見ることができる！
　　→社長に見られているチャットなんて使いにくい

　こういった事例は、大企業・大規模税理士法人ならではの事例でしょう。

　規模が大きくなればなるほど、こういった事例は増えていき、効率化の障壁になっています。
　しかたないといえばしかたないのですが、こういった事例から感じることは、「お客様」を見ていないのではないかということです。
　内部の効率化、組織の効率化しか考えていない気がします。
　それだけ内部の非効率さが顕著なのでしょうが、効率化の方向性として正しいのかどうか疑問です。

効率化以前に、人（特に古い、偉い人）が変わらなければ状況は変わらないでしょう。

効率化できたとしても、段々仕事が増え、会議が増え、管理が増え、申請が増えていくでしょう。

今、ひとりで仕事をしている私も、以前は会議、申請、管理がはびこる世界にいました。

特に、総務省にいたときは大変で、申請のために仕事をしているようなこともありました。

前例のないことは大嫌いだし、今までどおりのことを意味なくやるということもたくさんありました。

組織よりも、組織っぽいところのほうが、ルールはあいまいで、めんどくさいこともあります。

税理士業界もそうです。

そういった世界を離れて、ひとりで仕事をやるメリットは、効率化の方向性を自分で決めることができること。

会議、申請、管理はやらなくていいですし、お客様と自分が同じ方向を向いて効率化を進められます。

■ お客様と自分の効率化のバランス

お客様の効率化と自分の効率化のバランスも大事です。

お客様の効率化を重視しすぎて、自分が犠牲になりすぎてもよくありません。

例えば、税理士業でいえば、お客様がレシートを段ボールに入れ

ておいて、私が取りに行ってそれを整理して入力して、決算書をつくって、税金の計算をしてしまえば、お客様は効率的です。ただ、私にとっては非効率であり、やりたくありません。

一方でお客様に夜な夜なレシートを入力していただくのはお客様にとって非効率です。

私だけが効率的でも意味がありません。

だからこそ、効率化のノウハウを提供したり、Excelやプログラミングでしくみをつくったりして、双方が効率化できるようバランスをとっています。

そのバランスをとるという仕事はしなければなりませんが、

・内部の会議をどう効率化するか

・申請のしくみをどう効率化するか

・従業員をどう管理するか

などはまったく考えずに済み、その分効率化に対するエネルギーをお客様と自分に割くことができるのです。

もちろん、組織ならではのメリットもあり、内部の効率化を進めつつやる意味もあるでしょう。

自分がそうしたいならそれでいいかと思いますが、そうでないならば、組織を離れて、独立してしまうのも1つの生き方です。

ただ、独立しても組織にしてしまうと、また会議、申請、管理をしなければなりませんので、雇われないだけではなく雇わないということを選ぶ必要があります。

ひとりはひとりで、いろんな苦悩がありますけどね。

今、ひとりの方も、大企業の事例を見聞きするといろいろと効率化の参考になります。

前だけ向いて効率化に励みましょう。

8　データで受け取るところからがRPA

効率化は、入り口が大事です。
データで受け取るかどうかで、その方向性はまったく変わります。
方向性を定めないと効率化はできません。

▍効率化のテクノロジーの方向性

効率化は、人類の悲願です。
その効率化を実現するテクノロジーは常に追求されてきました。
その効率化の方向性の1つとして、紙の処理があります。
書類（紙）に書かれていることを人がデータ入力するのに、膨大な時間、お金がかかっていたところを、テクノロジーで解決するということで、次のようなことができるようになりました。

・どんな様式でも読み取れる
・手書きでも読み取れる
・文字の一部が読み取れなくても、データベースから推測できる
　（電話番号だけでも読み取れれば検索できる）

こういったテクノロジーにはお金がかかるわけですが、人件費より安いということもあるでしょう。
何よりも、「効率化している」感はあります。
そして、紙で受け取るという従来の流れを変えなくていいという絶大なメリットがあるわけです。
1つの方向性としてありでしょうが、私には必要ないかなと思って

います。
　そのテクノロジーに支払うお金（ソフト、RPA、導入費用など）もありませんし、あっても払いません。

データで受け取るかどうか

　効率化を考えるときに、入り口、つまり受取がデータか、紙かで大きな違いがあります。
　データで受け取ればそのまま処理できますが、紙で受け取れば、「紙をデータ化」という処理をしなければいけません。
　それは効率化なのかどうか。

　とはいえ、日本はまだまだ紙、紙、紙。
　「紙をデータ化」というテクノロジーは、需要があり、儲かります。
　だからこそ、その方向性にテクノロジーが進化していくのでしょう。
　データで受け取るといっても、処理できないようなExcelデータや、PDFデータだったりもします。
　PDFデータで単に受け取っても、それを見ながら人が入力していることも…。
　データで提出しても、それをわざわざプリントアウトして保管したり、打ち直していたりしているということはよくあります。
　ネットサービスでも、紙をスキャンしてデータを送れば、そのサービス提供会社側で、人がデータを入力するなんて方向性は、効率化なのかどうかと疑問に感じます。
　日本の大多数の流れはいいとして、自分がどうするかは自分で考えなければいけません。

私は、データで受け取れないなら、「仕事」にしない主義です。

紙をデータ化するのは嫌いですし、ひとりではできません。

仕事の依頼、セミナーのお申込み、個別コンサルティングのお申込み、アンケート、連絡などすべてをデータで受け取っています。

だからこそ効率化できるわけです。

なおかつ、「紙をデータ化」に不要なコストを払わなくて済みます。

データじゃダメか

「データで受け取る」ということを考えると、

「そんなことはできない」

「お客様が対応できない」

「仕事の流れを変えたくない」

などということもあるかもしれません。

ただ、データで受け取ると決めれば、効率化の方向性は定まります。

ひとりなら、抵抗勢力もいませんし、自分が決めるだけです。

紙で受け付けないと、仕事が減ると思うかもしれませんが、実はお客様もデータを望んでいるかもしれません。

「データで出したいのに」

「データで欲しいのに」

とお互い思いつつ、無駄に牽制しあってお互いの効率が悪くなるというのは、目指すべき世の中ではないでしょう。

データとして入力したほうが楽な部分も多いです。

IT、RPA、AI系のイベント・セミナーでも、

・受講券をプリントアウトしてくれ

・紙のアンケートに答えてくれ

といったことが大半です。

紙のアンケートを回収し、その先どうしているのか、考えると悲しくなります。

（それをスキャンしてデータとして使える程度までに読み取っているのかもしれませんが）

アンケート回収の手間、「アンケートのご協力をお願いします！」とスタッフの方が各所で声を張り上げているのは見るに忍びないです。

こういった、前例にならった紙文化が、長時間労働の理由になっているのではないでしょうか。

後日、アンケートのリンクをメールで送るなり、その場で2次元コードを読み取ってスマートフォンで回答するなり、方法はあるかと思います。

データで集めれば、そのデータを活用できるものです。

紙でアンケートを書いたとしても、テキトーに〇をしてお茶を濁していれば、データとしては使えないでしょう。

それならば、回答数が減っても、データとしてしっかりとした回答を集めたほうがいい気がします。

そんなことをRPAのイベントで体験しつつ、近くの美術館に行ったとき、すばらしいものがありました。

来館者アンケートをタブレットで答えるコーナーがあったのです。

展望台にも同じようなものはありました。

こういう方向性が、テクノロジーの向かうべき道じゃないかと思うのです。

この形式だからこそ私も回答しました。

「年配の方は対応できない」とか、「紙じゃないと」とか、「そういう業界だから」とか考えずに、自分の軸をもっておきたいものです。

そうすれば、その軸にそった仕事や人（お客様）が集まります。

美術館の例でいうと、紙で回答したい、データだと回答しないという方も多いはずです。

それでもこのアンケート形式にしたことがすばらしいと私は思います。

データで受け取るかどうかで効率化はまったく違う方向性になるものです。

効率化するのであれば、どの方向性でいくかは決めておきましょう。

データで受け取る方向性のほうが、効率化には近道ですし、現実的です。

友人から結婚式の招待状が届き、Facebookメッセージでリンクがあり、クリックして入力したことがあります。

紙で届いて、書いて投函して、それを受け取って…と考えると、データで受けとるほうがお互い幸せです。

「紙でなきゃ失礼」、「手間をかけるのが華」という考えは効率化の敵になります。

そして、来たるAI時代は紙だとどうしようもありません。

データとして扱うことが前提です。

「紙のデータ化」にコスト（時間、お金）を払っていては、対応は難しいでしょう。

その先のデータを処理し分析した後に提供する価値こそ意味があ

るとすれば、「紙のデータ化」に力を割くことはもはや悲劇です。

効率化は割り切り次第

　効率化には、割り切りも大事です。
　国立国会図書館から学ぶこともあります。
　国立国会図書館（東京本館）は、国内のすべての出版物を集め、保管する図書館です。
　それだけの出版物を保管し利用するために徹底したIT化が実現されています。

- 入館には、利用者登録が必要で、その後はカードで出入り
- 蔵書は貸出禁止。自分で探したり取り出したりすることはできず、端末で検索して閲覧を申請。そのときにもカードをカードリーダーにかざす
- 申請後、その本の準備ができたかどうかは、自分で端末を使って確認
- 図書館内の端末だけではなく、自分のパソコンやスマートフォンでも申請可能（申請は館内のみ）。検索システムも使いやすい（私の名前で検索してみたところ、著書13冊、そして執筆した記事もすべて出てきました）
- コピーもできるが自分でやるのではなく、端末で申請書をつくり、プリンターにカードをかざすと申請書がプリントアウトされ、その後コピーを依頼。依頼時にもカードを読み取る
- ネットで検索して該当箇所のコピーの取り寄せも依頼できる

などといったシステムが導入されているのです。
　すべての方が例外なく、このシステムに沿って端末を操作している

姿は、理想のIT社会でした。

通常だと、例外が多かったり、システム以外でも利用できたりすることが多いものです。

もちろん、システムの使い方を教えてくださる方はいて、丁寧に教えてくれますが、例外なく導入し運用している点はすばらしいなと思います。

こういうシステムを使わない、使いたくないという方は利用しないでしょう。

この割り切り（と考えているかどうかわかりませんが）はすばらしいものです。

ITによる効率化を実現するには、割り切りも欠かせません。

「国会図書館だからできる」と思われるかもしれませんが、個人でもこの意識は欠かせないものです。

独立後、ひとりで仕事をしているなら、自分の意識を変えれば内部の意思統一はできます。

あとは、外向けの割り切りだけです。

私がITによる効率化を実現しているのは、割り切りがあるからです。

あらゆる方に対応することを考えるとITによる効率化はなしえないからです。

例えば、手書きの資料をいただくとしたら、効率化はできません。

それを入力してデジタルにしなければいけないからです。

読めない字があったり、合計が間違っていたりしたら、そこで仕事は止まってしまいます。

ましてや私はデータ入力は苦手ですし。

これ以外にも、
・電話を使わない（かけない、かかってこない）
・FAXを使わない
・紙を使わない
・現金を使わない
・チャットを使わない
といった割り切りがあるので、全体の効率化ができているわけです。
（チャット＝いつでも対応というのはやっていません）
ただ、その中でも選択肢はつくっています。
・連絡は、メール、Facebook、Twitterでもいい（LINEは仕事に使わない主義）
・紙の資料をスキャン、カメラで撮って送っていただくのは問題なし
・支払方法は、カード決済と振込
・Skype、zoomを使うこともある
・メニューとしてメールで相談できるプランも準備
・WindowsでもMacでもiPhoneでもAndroidでも対応可能
・会計ソフトはどんなものでも対応可能（Excelデータにして使うので）
・メールだけではなくDropboxやGoogleドライブなどのファイル共有サービスも利用
デジタルであれば、OKということにしています。
（FAXはネットFAXもありますが、美しくないので……）
ITによる効率化に、ある程度の割り切り、徹底は必要です。

ただ、割り切ることによって、
・電話を使いたい、電話で申し込みたい
・FAXを使いたい、FAXで申し込みたい
・紙を使いたい、手書きでやりたい
・現金で払いたい
・チャットを常に使いたい
という仕事を失います。

仕事を失うということは、つまり売上を失うことになるわけです。

その失う売上の額にもよるでしょうし、そのときの財政状況にもよるでしょうが、割り切りがないと、真の効率化はなしえません。

中途半端になってしまいます。

ちょっとずつでもいいので、割り切っていきましょう。

この割り切りは、利用者側としても大事で、私は電話のみ・FAXのみの申込はもうやりません。

現金のみの店も極力さけています。

ITによる効率化は、自分だけのためではありません。

自分だけが楽をするものではなく、お客様と自分の総量の効率化です。

ただ、双方の方向性が一致していなければ、それはなしえません。

自分がITによる効率化を実現したいなら、ITによる効率化を実現したい方と仕事をする必要があります。

電話が早い、FAXが早い、現金がいいという方向性もあるのでしょうし（かつ大多数でしょう）。

どんな方向性でも効率化できるのがベストなのでしょうが、なかなかそうもいかないでしょう。

その意味でもITによる効率化では、割り切りは欠かせないわけです。
ただし、そのフォローは徹底してやらなければいけません。
方向性が同じならフォローもやりやすいはずです。
そして、その割り切り＝方向性を事前に示しておくこともやっておきましょう。
自分の方向性が定まってなければ、合う・合わないもありませんので。

9　RPAに必要な効率化スキル

RPAに必要なスキルとして、次の3つがあります。

▌タッチタイピング

タッチタイピングはキーボードを見ずにすばやく入力できるスキルです。
RPAでも、文字を入力する場面は出てきますし、プログラムを入力する場面はあります。
記号や、アルファベットも的確に入力できなければいけません。

これは、かんたんなようでそうでもなく、日々のトレーニングが必要です。
入力というと作業のイメージですが、そうは考えていません。
私は「人とパソコンをつなげる」ことだと考えています。
人とパソコンの間にタイムロスがあると、せっかくの知識やスキルをパソコン上で表現できません。

そのタイムロスをなくすのがタイピングスキルで、考えたことをパソコン上に表現できるスピードを上げることができます。
　RPAに自分がやりたいことをスムーズに伝えるためには、そもそも入力がスムーズでなければいけないのです。

　そして、このタッチタイピングは、他の仕事でも役立ちます。
　税務ソフト・会計ソフトに慣れているとタッチタイピングスキルが落ちる傾向にあるので気をつけましょう。
　テンキーで数字を打つよりも、キーボードで文章を打てるようにしておいたほうが、違いをつくれます。
　また、音声認識入力を使えば入力はより効率的でより効果的になりますので、ぜひ挑戦しましょう。
　この音声認識入力を使えるようになったとしても、音声認識入力後の修正はタッチタイピングでやるため、いずれにせよタッチタイピングスキルは必要です。

ショートカットキー

　複数のキーを組み合わせて操作するショートカットキーは、かんたんなようでそうではありません。
　瞬時に手が動くようになるにはタッチタイピング、つまりキーボードを見ないで瞬時に押せるスキルが必要です。
　RPA（UiPath）でもショートカットキーのスキルは欠かせません。
　Ctrl＋F6　プログラムの実行
　Ctrl＋K　変数の設定
　Ctrl＋Alt＋W　ウェブレコーディング

Ctrl+Alt+D　デスクトップレコーディング
Ctrl+S　上書き保存
Ctrl+D　コメントアウト（プログラム実行上無視する）
Ctrl+E　コメントアウトを解除
Ctrl+N　シーケンスをつくる
Ctrl+C　コピー
Ctrl+V　貼り付け

　また、ショートカットキーの知識があれば、UiPathでショートカットキーを押すように伝えることもできます。
　この画面は、UiPathの［ホットキーを押下］アクティビティで、Ctrl+Cを指定したところです。

　ショートカットキーには、キーを1つずつ押すアクセスキーというものもあり、これを指定することもできます。

▍データ整理

データを整理整頓するスキルも欠かせません。

デスクトップ、フォルダ、ファイル名、メモ、写真など、あらゆる整理ができているかどうかは効率に影響します。

自分のルールづくりのためにも必要ですし、じっくり取り組みましょう。

そして、データのつくり方も効率化には影響します。
Excelであれば次のようなルールが必要です。
- A列に日付を入れる、B列に金額を入れるといったルールを守る
- データの1行目には、見出しを入れ、意味なく変更しない
- ファイル名、シート名は規則正しくつける
- 文字の全角、半角を混在しない
- RPAで処理しやすいようにデータのつくり方を変える

UiPathのファイルやプログラムも、後で見てわかりやすいように整理しておきましょう。

RPA導入の際には、仕事の流れの整理が必要です。

イレギュラーな判断が多い場合や、ルール自体がない場合は、RPAをはじめとするプログラムでは対応できません。

しかしながら、仕事の流れを整理してからRPAを導入しようとしたら、いつまでたっても効率化は実現しませんので、RPAをまず導入してみるのもおすすめです。

その中で仕事の流れを整理していきましょう。

10　2つ以上を融合する効率化

効率化を進めるうえで、私は融合というものを意識しています。

いざ独立すると、意外とやることが多いものです。

仕事がまったくないとしても、なんだかんだ事務処理はありますし、経理もやらなければいけませんし、完全に暇というわけではありません。

仕事が増えてくれば、なおさらです。

そして、何よりも仕事をとるということもしなければいけませんし、スキルアップのために勉強もしなければいけませんし、仕事だけではなくプライベートもありますし、睡眠もとり食事もしなければいけません。

効率は、どうしても考えなければいけないことです。

かといって、本当に効果があるものというのは時間をかけて試行錯誤を繰り返し蓄積すべきもの。

そこに生じるジレンマをなんとかしなければいけません。

そのため、私は次のようなことを融合しています。

▎勉強と仕事

仕事の質を上げるためには勉強は欠かせません。

とはいえ、勉強ばかりやっていても売上につながるわけではなく、そのうち食べていけなくなります。

かといって目の前の仕事だけをやっていると、勉強が疎かになってしまうでしょう。

私は、その勉強と仕事を融合するようにしています。

勉強になる仕事、自分が磨きたい分野の仕事ができるように、そういったメニューをつくったり、特色を出したりしているつもりです。

仕事は人生の多くの時間を使うものですので、それが勉強になれば融合の効果は高くなります。

本書も価値提供する仕事であるとともに、自分が勉強になるのでやっていることです。

RPA、効率化のスキルは、本書を書く期間で飛躍的に上がりました。

プログラミングを勉強することで、仕事の効率化が実現します。

効率化するには勉強しなければいけないということです。

税理士には勉強が欠かせません。

税務の勉強だけではなく、売り方（営業）、IT・ネット、書き方、話し方、読み方、そしてRPAも勉強しなければいけません。

勉強を仕事につなげ両立する必要があります。

勉強と仕事を両立するためには、時間が必要なのでいつだって仕事の効率化が欠かせません。

▎インプットとアウトプット

自分へのインプットと自分からのアウトプット、これらの融合も考えています。

インプットとアウトプットの区別は厳密にはつけていません。

例えば、本を書くことはアウトプットですが、書きながらその考え方を自分にインプットしているわけです。

スキル系の記事であればそのスキルを自分に叩き込むためのイン

プットになっていますし、知識系の記事だと知識を整理しつつインプットし直す効果があります。

　逆にインプットしているときも、アウトプットを常に意識していますので、
　「こういった形で自分ならアウトプットするだろう」
　「これはアウトプットのヒントになるな」
　とインプットも同時にしているのです。
　インプット重視、アウトプット重視で、どちらか片方だけやっているのは非常にもったいないと思います。
　アウトプットしながらインプットすることを考えると、本書を読むだけではなく、仕事でRPAを使うことこそが最大のインプットです。

■「書く」と「話す」

　そして今やっているのが、「書く」と「話す」という異なるアウトプットの融合です。
　ほぼすべてのブログ、メルマガ、本を音声認識入力で書いています。
　書くというよりも話しているのですが、実際にはテキストで表現されるわけです。
　音声認識入力を続けていることにより、「書く」と「話す」それぞれの良さを融合してきました。
・じっくり理路整然となら、「書く」
・思わぬ言葉も出てくるので直感的に本音でというなら「話す」
　これらを融合する効果を感じています。
　音声認識入力は、単に声で入力できるという話ではなく、その真の

意味は、「書く」と「話す」の融合ではないかなと考えているところです。

「書く」のいいところと「話す」のいいところを融合することで、アウトプットの質を上げることができます。

話しているとついつい長くなってしまうのが玉に瑕ではありますが、最近はコントロールできるようになってきて、長々と話さなくて済むようにはなってきました。

体が1つ、時間も限られている中、複数のことを融合して、真の効率化を図っていきましょう。

11　ちょっとしたことを効率化するメリット

ちょっとしたことでも効率化すると、後々に役立ちます。

効率化には、コストがかかります。
コストとは、
・効率化するための時間
・効率化するためのお金
そして、
・めんどくささ
です。
効率化するために、試行錯誤する時間やスキルを学習する時間、学習するためのお金、ソフトやサービスにかかるお金、めんどくささは乗り越えなければいけません。

これらのコストを選ばずに、「ま、いっか」と、慣れたやり方でやっ

たほうが早いこともあります。

　それほど時間がかからず、無料でできれば、そっちのほうがいいということも多いでしょう。

　しかしながら、私は、そういったちょっとしたことでも効率化するようにしています。

　メリットがあるからです。

　例えば、セミナーの受講料をお振込みいただいた場合、メールで「入金があった」旨が届きます。

　ただ、その内容（どこから、いくら）は明かされていません。

　通常だと、ネットバンクにログインしなければいけないのです。

　それを、RPAで効率化しています。

Excelマクロでも、
・ピボットテーブルを更新
・集計しているシートに切り替える
というちょっとした操作を、
・ショートカットキーでマクロ実行
だけで、できるようにしています。

ちょっとしたことでも効率化するメリット

　ちょっとしたことなら、効率化できる時間は、1分、2分、ときにはほんの数秒だけかもしれません。

　それでも効率化することをおすすめします。

　「たいして効率化できないから」と、1時間、2時間の効率化をいきなり狙ってもうまくいかないでしょう。

第4章　税理士業と効率化

　夢の1時間よりも、まずは確実な1秒短縮を目指したいものです。
　ショートカットキー1つでも、メールアドレスを入れるといったことでも、私は効率化します。

　もし1時間の仕事を3分にするためのRPAをつくるとして、その開発に10時間かかるとなると、それは意味があるのでしょうか。
　私は、あると思っています。
　その10時間を取り戻すと考えると、膨大な日数がかかりますが、かかった10時間は、勉強の時間でもありますし、他にも応用できます。
　決して無駄にはなりません。

　こういったことを日々積み重ねていくと、それ自体の効率化の効果が積み重なるうえに、
　・効率化のモチベーションが上がる（ちょっとでも効率化できればその価値を感じるので）
　・プログラミングや効率化スキルを確実に使える
　そして、
　・効率化の壁を打ち破る
　というメリットがあります。
　効率化は、自分がつくっている壁（これまでの慣習、クセ、思い込み、躊躇）を壊すことが必要です。
　まじめで、勤勉で、さぼっちゃいけない、手を抜いちゃいけないといった変な思い込みもありますので、その壁を打ち破りましょう。
　ちょっとしたことでも、その壁を崩すことはできます。

■ 短縮できるのは毎月45秒。ただし確実

例えば、
「メールで来たPDFにある請求金額をネットバンクで振り込む」
という仕事が私には毎月あります。

この場合、次のような工程です。
・Gmailにアクセス
・メールを開く（正確にはメールに気づく。10日前後に来る）
・添付のPDFを開く
・請求金額を確認する
・ネットバンクにアクセス
・ネットバンクにログイン
・ネットバンクのお知らせで［次へ］をクリック
・ネットバンクで［振込］をクリック
・ネットバンクで登録済みの振込先をクリック
・ネットバンクで金額を入力、確認
・ネットバンクで振込パスワードを入力

と、以上の手順をちょっと急ぎ目にやって、55秒45でした。
　クリックする場所を間違える、金額を確認する、二度見するといったことがあれば、さらに時間がかかります。
　たった55秒ではあるのですが、今はUiPathをショートカットキーで実行するだけですので、3秒ほどに縮めています。

　最終的に確認してから［確定］するようにしているので、その時間も合わせると全体で10秒ほどです。

これでも45秒短縮できますし、プログラムが完璧なら、絶対に間違えようがありません。

毎月ある仕事なら、45秒×12か月＝9分を1年で短縮できます。
RPAを使わなくてもExcelを使ったり、Excelマクロを使ったり、もっと細かい時間だと、ショートカットキーや音声認識入力を使うことで、ちょっとしたことでも確実に短縮しています。
効率化はこういったものの積み重ねです。

ちゃちゃっとできることに注意

仕事に慣れてきたり、それなりに年を重ねたりすると、ちゃちゃっとできることは増えてきます。
「効率化しなくてもいいかな」と思うわけです。
ただし、それが効率化の罠でもあります。
ちゃちゃっとできることでも1分、2分、ときには10分以上かかっていることもあるわけです。
これを確実に短縮できるなら効率化しておきましょう。

以前の私は、ちゃちゃっとできるからと、請求書をExcelだけでつくっていましたが、意外と28分かかっていたりするわけです。
今は、Excelマクロでやっているので、3分ほどで終わります。
まずはその作業にかかる時間を計測して意外とかかっていることがあれば、それを効率化しましょう。
毎月やっていること、毎日やっていることがまずはターゲットです。
その次は、本当にちゃちゃっと終わっていることも確実に短縮しま

しょう。

例えば、マウスを使ってちゃちゃっと5秒でやっていることも、ショートカットキー、タッチ、音声認識なら、1秒で終わる可能性があります。

4秒でも、確実ならやるべきです。

その4秒も貴重な時間ですし、取り戻せません。

秒、分、時間、日、週、月、年、そして一生。

限りある人生を考えるときは、秒から考えて、確実に短縮していきましょう。

12 「セキュリティ、大丈夫?」を最初に考えない

パソコンやIT、AI、RPAなど何か新しいものを導入し、効率化しようとするとき、「セキュリティ、大丈夫?」と気になるのは当然です。

もし何かあったら……と考えるべきですし、対策すべきことではあります。

ただ、最初に「セキュリティ」を考えることはやめたほうが効率化は進むものです。

ましてやセキュリティのことだけを考えすぎるあまりに動かないということであれば、効率化はなしえません。

セキュリティをないがしろにし「大丈夫」と楽観視するということでは決してありません。

セキュリティを考えすぎて思考や行動を止めないようにしましょうということです。

■ セキュリティと効率の天秤

セキュリティと効率は、天秤にかけて検討すべきものです。

連絡することを考えれば、

- 郵送
- FAX
- 電話
- メール
- データ共有

など、すべてリスクがあります。

郵便事故は結構ありますし、FAXが安全ともいいきれません。

絶対に安全な方法をとるなら、直接会って渡すしかないでしょう。

ただし、適切に保管して、会うまでなくさない、落とさないことが前提であり、そして渡した相手が同様にして厳重に保管しているかどうかも大事です。

100%安全なものはないでしょう。

メール・FAXは昔からありますが、決して安全なものではなく、紙だから、電話だから安心ということもありません。

カフェで、資料を広げ、パソコンを見ながら、機密情報らしきことを大きな声で電話で話しているところをみると、「セキュリティって……」と思います。

ましてや、その後、パソコンや資料を置いたままトイレにいくなんてもってのほかです。

セキュリティ面について、昔からあるものは信頼される一方で、新

しいものはなかなか信頼されない傾向が見受けられます。
　しかし、古いから大丈夫、新しいからダメということではなく、セキュリティと効率を天秤にかけ、適切なものを選んでいくべきです。

■ 最低限気を付けたいセキュリティ
　パソコン、IT関連で最低限気を付けたほうがいいかなというものを挙げてみました。

①しくみを知る、調べる
　パソコンやITのしくみについて基本的なところを知っておくことが第一です。
　どういうしくみでつながっているのか、どうなるとリスクがあるのかをひととおり知っておけば、セキュリティのリスクもわかります。
　入門書のほか、各種サービスのヘルプを読むのも勉強になりますので、やってみましょう。

②試す
　①と並行して進めたいのが実践。
　実際にさわってみないとどういったものかわかりません。
　ITを自分で実験したり、友人・家族と実験してみてどうなるのか試したり、できることはあります。
　おすすめは、聞く前に試す、ググる（検索する）ことです。

③人任せにしない
　パソコン、ITから逃れることはもはやできません。

すべて人任せにしているとわからなくなります。

（完全に任せてずっとやってくれる人がいれば別ですが）

教わるのはOKですが、任せるのはNG。

あらゆることにいえることです。

自分の大事なブログやHPの管理を任せることもおすすめしません。

設定も自分でやったほうがスキルが伸びます。

大変ですが、それを自分でやることがセキュリティに強くなるコツです。

④パスワードを工夫する

パスワードはしっかり管理しておきましょう。

パスワードに、生年月日、123456、1111、aaaaなどを入れないというのは、よくいわれる基本中の基本です。

使いまわしも注意が必要で、「ここ、大丈夫かな」というサイトには使わないようにしましょう。

ブラウザーの保存、パスワード管理ソフトを使う場合も、パスワードは別途管理しておきましょう。

そうしないと、いざというときにまったくわからなくなります。

ブラウザー（Google Chrome）にパスワードを保存する場合には、2段階認証が必須です。

私は、パスワード管理ソフトを使っていません。

それほど信頼していないからです。

⑤パソコン、スマートフォンにパスワードをかける

パソコンやスマートフォン自体にパスワードをかけることも必須で

す。

　指紋認証、顔認証だとさらに強くなります。

（指紋認証は寝ているときに破られますが）

⑥2段階認証を使う

　2段階認証（パスワード＋スマートフォンや端末）ができるなら設定しておきましょう。

　むしろ、2段階認証できるサービスを選ぶべきです。

　ネットサービスやオンラインサービスで個人情報流出や不正利用がたびたびニュースになっていますが、2段階認証ではなかったことが指摘されることも少なくありません。

　2段階認証だから大丈夫！というわけではありませんが、セキュリティ性は高まります。

⑦置きっぱなしにしない

　無料でWi-Fiが使えるカフェやコワーキングスペースで税理士業務以外の仕事をする機会も増えていると思われます。

　紙の資料、パソコン、スマートフォン、USBメモリなどを置きっぱなしにしないというのも大事です。

⑧アップデートする

　WindowsやMacのOS、スマートフォンのOS、ソフトなどではアップデート（更新）が行われています。

　セキュリティ上のアップデートは必ずやりましょう。

　また、サポートが切れたサービス、OSは使ってはいけません。

ちなみにWindows7は、2020年にマイクロソフト社によるサポートが終了します。
　ウイルス対策ソフトについてもアップデートできているか確認しましょう。
　WordPressでブログ・HPをされている方は、WordPressのアップデートも忘れずにしなければいけません。

⑨メールの添付ファイルに気を付ける

　メールの添付ファイルをクリックするときは、重々気を付けましょう。
　宛先が確かでなければ、クリックしてはいけません。

⑩無線LANに気を付ける

　Wi-Fiなどの無線LANで、セキュリティがかかっていないものには注意が必要です。
　極力使わないようにするのが無難ですが、使うとしてもクレジットカード番号の入力やログインはやめておきましょう。
　また、スマートフォンのテザリングを使う場合、スマートフォンに自分の名前を入れていると、それが他人に表示されます。
　名前がばれたからどうというわけではありませんが、リスクはありますので、こういったことにも気を付けましょう。

　セキュリティ上気を付けることは、まだまだあるでしょうし、「これもあるよ」と思われることもあるかもしれませんが、思いつくままに書いてみました。

こういったことに気を付けつつ、新しいものを試し、効率化を実現していきましょう。

13　仕事量を減らさなければ効率化はできない

仕事量が多すぎると、効率化は不可能です。

仕事量と効率化の関係

- 効率化したい
- 残業をなくしたい
- 早く帰りたい
- 仕事を片付けてさらに質を高めたい
- こなすだけではなく、もっと深い仕事がやりたい
- 予定どおり仕事を終わらせたい

さまざまな理由から、仕事を効率化したいと思っている方は多いはずです。

セミナーやコンサルで話を聞くと、効率化の大きな障害になっているものがよく出てきます。

それは、仕事量です。

「仕事量、多すぎないですか？？？」とびっくりすることが多く、まずはそこをなんとかしなければいけません。

どんなにスピードを上げても、どんなに段取りよくしても、どんなにタスク管理しても、そして、RPAで効率化しても、仕事量が多ければ、効率化は無理です。

どんな小手先のテクニックも通用しないでしょう。

この物理的な限界というものを常日頃から考えています。

例えば、待ち合わせ場所へ急いで向かっているとき、いくら急いでも電車の所要時間を縮めることはできません。

15分かかるなら15分なのです（多少縮まる可能性はありますが）。

効率よく準備し、駅までの最短距離のルートを走って、改札もスムーズに抜けて…と考えていても、待ち合わせ時間の10分前に出発したら絶対に間に合いません。

電車の時間は15分だからです。

10分しかないところに15分の物理的な壁がある…これは仕事でもありえるのではないでしょうか？

8時間しか仕事ができないところに、10時間分の仕事量がきたら、対処のしようがありません。

それなのに、20時間分の仕事量が来ることもあります。

常に、仕事の物理的な「量」が適正かどうかを把握しておかなければいけないのです。

仕事量を減らす3つのステップ

しかし、そうはいっても、その「量」の把握は難しいでしょう。

仕事が終わらないと、

・自分のスピードが足りないのではないか

・段取りが悪かったのではないか

・がんばりが足りなかったのではないか

と思うのが普通です。

私も昔はそう思っていましたが、そう思っていてはいつまでたっても効率化は図れません。

物理的な「量」がネックになっているからです。
　仕事量が適正かどうかにかかわらず、仕事量を減らす努力は必須なものでしょう。
　無理に把握しようとせず、常に減らす努力をし続けるという考え方です。
　具体的には、次のようなステップでやります。

①時間を記録し、仕事を洗い出す
　・抱えている仕事・やりたい仕事をすべて（ほとんど）書き出す
　・仕事の時間を記録する（何にどれくらいかかっているか）
　この結果、どのくらいの時間にどのくらいのことができているかがわかります。

②いったん仕事を減らす
　①で洗い出した仕事を見て、無駄なものをやめることを考えます。
　イレギュラーな処理を減らすことも大事です。
　規則正しく仕事をする、ルールを作ることで減る仕事はたくさんあります。

③仕事の入り口で判断する
　①と②をやり続けているうちに、時間に空きができます。
　この空きに、どんな仕事を入れるかが重要です。
　ここで仕事量を無駄に増やしては意味がありません。
　売上を増やすことを考えて、仕事をついつい増やしがちですが、それをやってしまうと効率化からまた遠のきます。

①の記録・洗い出しをやっておくと、仕事の入り口で新しい仕事の量を推定できます。
　たとえ、その仕事量が見積りよりも多かったとしても、②で仕事を減らしておけば、こなすための時間はあるはずです。

　私は今も、①の記録・洗い出し、②の減らす、③の入り口での判断を日々やっています。
　特に②の減らすは重要です。
　100を40にする効率化よりも、100を0にするほうが強力なのはいうまでもありません。
　まずは減らすこと、そのための記録・洗い出しをやってみましょう。

　一朝一夕にはいかず、数か月かかることもありますので、根気強くやりましょう。
　（私も2010年頃最初にやったときは、3か月ほどかかりました）
　もちろん、効率化の知識・スキルも大事なのですが、それを身につけるための時間や余裕、そして活かす時間や余裕を確保することの方がもっと大事です。

14　税理士業の今後と効率化

　テクノロジーの進化は、税理士業界にいい面も悪い面ももたらしてきました。
　例えば、ネット。
　ネットにより、

・調べることが楽になった
・仕事をとることができるようになった
・クラウド会計ソフトがうまれた
といったプラスの面がある一方、
・お客様側で情報や質問の答えをかんたんに探せる
・安い税理士事務所を探せる
・クラウド会計ソフトを使ってかえってめんどくさくなる
といったマイナスの面もあります。

変化や影響には、いいこと・悪いことがあるのは世の常です。

そして、AI。
正直、まだまだ本格的に税理士業界に入ってきている段階ではありませんが、だからこそ、いい方向・悪い方向に行くのもこれからです。

・税理士業界は、世の中よりも変化が遅い
・AIがサービス業に影響してくるまでにはもう少しかかる
といった状況もあります。

新しい技術で世の中がいい方向に進んでいくように、使う側がうまく利用していきたいものです。
原始時代に、火を使うようになって、人と他の動物との差ができたといわれています。
一方で、火は危険なもの。

第4章 税理士業と効率化

　どう使うかが大事なわけです。

　テクノロジー、AIも同じだと考えています。
　危ないから、得体がしれないから使わないというのはもったいないことです。
　そして、税理士業界は変化、動きが遅いというチャンスもあります。
　大規模税理士法人や、古い税理士事務所は、なおさらです。

　今すでに独立している方はもちろん、これから独立する方は、その動きの遅さの隙をつくことで、チャンスが生まれます。
　少なくとも一矢報いたいものです。

　AIがそのきっかけになる可能性はありますし、現状のITやRPAにもその可能性はあります。
　メールを使うだけで差がつく業界です。
　まだまだ可能性はあります。

　ただ、その使い道には気を付けなければいけません。
　IT、クラウドが、安く多く仕事をこなすために使われているように、AIをその方向性に使われないようにしたいものです。

　お客様・世の中に価値を提供し、
　きちんと食べていき、
　おもしろい人生にする

といった方向で、AIを使っていきましょう。

　根底にあるテーマは、「人生をおもしろくする」です。
　自分がおもしろいかどうか納得するかですので、安く多くがおもしろいならそれでいいと思います。
　自分のおもしろさを追求しましょう。

■ 非効率な「非定型」の仕事をやる
　定型業務は決まりきった仕事だから、今後AIの進歩によりなくなるといわれたり、効率化できるといわれたりします。

　しかし、この定型業務、本当に「定型」なのかどうかは何ともいえません。
　例えば、記帳代行で試算表や決算書をつくる仕事が定型かというと、そのお客様ごとにイレギュラーなことはそれなりにありますし、本当の意味で定型とはいえないでしょう。

　ということは、AIには奪われず、ITによって完全に効率化できないということになります。

　それでも「定型」に近いように、イレギュラーなことをできるだけなくし効率化することは可能です。
　例えば科目を決まりきったものにする、データや資料の受け取り方や、アウトプットする資料を定型のものにするといったようなことです。

こうすれば一定の効率化はできるでしょう。
ただ一方で定型化したために、その仕事を奪われる可能性も高くなります。
他と違いがないからです。

仕事がなくなることと効率化は、相反する性質を持っています。
効率化できているなら、他の税理士、パソコンでもできるからです。

そこで、私は効率化といいつつも、めちゃくちゃ時間がかかることをやっています。
それは他と違いをつくることを重視しているからです。

定型業務、決まりきった仕事、違いをつくれない仕事を手放すことによって時間をつくっています。
そしてその時間を別の時間がかかることに投資しているイメージです。

RPAで定型業務が効率化され、大量にこなせるようになってもそれだけで終わっていると（終わらざるを得ないくらい大量だと）、そのままごっそりなくなる可能性もあるでしょう。

効率化しつつ、定型業務じゃない他にできないような仕事をやっていくというのが、今後の道じゃないかなとも思っています。

必要なお金に直結する仕事は、全体の時間の50％以下にして、それ以外は、お金につながらなくても未来につながるような、他にできないような仕事にするくらいで考えておきましょう。

■ 効率化というリスクヘッジ

　RPAを学んでまで、なぜわざわざ効率化するのかを考えてみましょう。

　その答えの1つはリスクヘッジです。
　効率化して時間をつくることができれば、その時間を予備としておくことができます。
　時間に余裕があったほうがいざトラブルがあったときにも対処しやすくなります。

　そして、その時間で新しいことや目の前のこと以外の先のことをすることもできるでしょう。

　私はRPAが世に出るか出ないかのうちから触っていました。
　だからこそ、今こういった本を書けるわけで、もちろん自分の効率化も進んでいます。
　そして今も先のことをやっているわけです。

　時間をかけたいところにかけられるのも、効率化による時間をつくる効果といえます。
　例えば、自分の得意とする税務分野を好きなだけ勉強することもで

きるわけです。

　時間を正しくかければ、それは違いになります。

　すぐ、確実に成功するノウハウ、魔法など世の中に存在しない以上、どれだけ正しく時間をかけたかが勝負なわけです。

　違いをつくることがリスクヘッジであり、その時間をつくるための効率化もまたリスクヘッジになります。

　時間を目いっぱい使って仕事をしたとして、時間的に余裕がなければ、先のことを考えることもできませんし、もしその仕事がなくなった場合のリスクは大きくなるものです。

　また、半永久的に続くといわれる顧問契約にしても今後絶対に解約がないとはいえませんし、先方からの解約がなくても自分から解約したくなるときもあるでしょう。

　そういったリスクに備えて、効率化によって常に身軽にしておくことは欠かせないのです。

2019年6月から3か月、私は入院していました。

　交通事故で大腿部を骨折し、しばらくの間歩くことはできなかったのです。

　もし効率化してなかったらもっと困っただろうなと思っています。

　人を雇っていないので誰かに仕事を代わりにやってもらうわけにもいきませんし、代わりにやっていただけるような仕事もしていません。

　その代わり、日頃から仕事の件数はできるだけ少なくしていますの

で、こういったときのリスクは軽減できるわけです。

　もちろん顧問を多く抱えていれば何もしないで入院していても顧問料は入ってくるかもしれませんが、それはそれで心苦しいことではあります。

　徹底して効率化し業務をスリムにしており、効率化した時間で新しいことに取り組んでいたおかげで、入院中も仕事の依頼をいただくことができ、この本の執筆も進めることもできました。

　入院中はリハビリがありますので、体が大丈夫とはいえ、すべての時間を仕事に使うことができません。

　丸1日を使って成果を出す働き方をしていたらもっと困っていました。

　そもそも、人生において、常に仕事だけに専念することは難しいのです。

　今回のような事故でなくても、介護、子育て、自分の予定と、時間を使いたいことはやまほどあります。

　そういったことに時間を使いたいときに、使えないのはリスクです。

　リスクヘッジの1つとして効率化を進めていきましょう。

著者紹介

井ノ上　陽一

(株)タイムコンサルティング　代表取締役
税理士

Excel、ITを使いこなす、雇われない・雇わない「ひとり税理士」。

1972年大阪生まれ。宮崎育ち。
総務省統計局で3年働いた27歳のとき（2000年）に、生き方を変えるため税理士試験に挑戦。3年後に資格取得、2007年に独立。

RPAをいち早く導入し、自身のさらなる効率化に加え、ブログ、メルマガ、セミナーでRPAの活用方法を提供している。

そのスタイルに影響を受け、独立する税理士も数多く、2400日以上配信し続けている無料メルマガ「税理士進化論」で、独立にむけてのサポートも行っている。
ブログは毎日更新して12年以上。

著書に『ひとり税理士の仕事術』『社長！「経理」がわからないと、あなたの会社潰れますよ』『新版ひとり社長の経理の基本』『新版そのまま使える経理＆会計のためのExcel入門』など。

ブログ「EX-IT」
（「EX-IT　井ノ上」で検索）
https://www.ex-it-blog.com/

メルマガ「税理士進化論」
（「税理士進化論」で検索）

サービス・インフォメーション
───── 通話無料 ─────
① 商品に関するご照会・お申込みのご依頼
　　　　TEL 0120(203)694／FAX 0120(302)640
② ご住所・ご名義等各種変更のご連絡
　　　　TEL 0120(203)696／FAX 0120(202)974
③ 請求・お支払いに関するご照会・ご要望
　　　　TEL 0120(203)695／FAX 0120(202)973

●フリーダイヤル(TEL)の受付時間は、土・日・祝日を除く
　9:00～17:30です。
●FAXは24時間受け付けておりますので、あわせてご利用ください。

税理士のためのRPA入門
～一歩踏み出せば変えられる！業務効率化の方法～

2019年12月25日　初版発行

著　者　　井ノ上　陽一

発行者　　田　中　英　弥

発行所　　第一法規株式会社
　　　　　〒107-8560　東京都港区南青山2-11-17
　　　　　ホームページ　https://www.daiichihoki.co.jp/

税理士RPA入門　ISBN 978-4-474-06745-5 C2033（4）